Empresas orientadas para os Shareholders e Empresas orientadas para os Stakeholders

Carlos Francisco Alves

Empresas orientadas para os *Shareholders* e Empresas orientadas para os *Stakeholders*

Carlos Francisco Alves

ALMEDINA

EMPRESAS ORIENTADAS PARA OS *SHAREHOLDERS*
E EMPRESAS ORIENTADAS PARA OS *STAKEHOLDERS*

AUTOR
Carlos Francisco Alves

EDITOR
EDIÇÕES ALMEDINA, S.A.
Rua Fernandes Tomás, n.os 76, 78 e 80
3000-167 Coimbra
Tel.: 239 851 904 · Fax: 239 851 901
www.almedina.net · editora@almedina.net

DESIGN DE CAPA
PAPER TALK

PRÉ-IMPRESSÃO
EDIÇÕES ALMEDINA, S.A.

REVISÃO
Inês Castelhano

IMPRESSÃO E ACABAMENTO
DPS - Digital Printing Services

Janeiro, 2020

DEPÓSITO LEGAL
466599/20

ALMEDINA | GRUPOALMEDINA

Biblioteca Nacional de Portugal – Catalogação na Publicação

ALVES, Carlos Francisco, 1966-

Empresas orientadas para os Shareholders e
empresas orientadas para os Stakeholders
ISBN 978-972-40-8315-5

CDU 005

ÍNDICE

LISTA DE ABREVIATURAS

CEO	Chief Executive Officer
CGD	Caixa Geral de Depósitos
CMVM	Comissão do Mercado de Valores Mobiliários
CSC	Código das Sociedades Comerciais
EUA	Estados Unidos da América
IPCG	Instituto Português de Corporate Governance
OPA	Oferta Pública de Aquisição
SHB	Shareholder Bank
STB	Stakeholder Bank

INTRODUÇÃO

No âmbito dos estudos sobre o governo das empresas, confrontam-se duas perspetivas sobre a função objetivo da gestão. Uma perspetiva defende que as empresas devem ter um objetivo único, e que este deve ser coincidente com o interesse dos acionistas, o qual, em geral, é admitido como sendo a maximização do lucro ou a maximização do valor do capital por eles investido («teoria da maximização do valor» ou «teoria dos acionistas»). Numa outra perspetiva (a da «teoria dos *stakeholders*»), defende-se que, além dos interesses dos acionistas, há outros interesses legítimos na órbita das empresas, pelo que os gestores devem tomar em consideração todos estes interesses. Neste contexto, Jensen (2001, 2002) nota não só que a diferença entre as duas perspetivas é menor do que à primeira vista pode parecer, como vem propor aquilo a que chama «teoria da maximização do valor esclarecida». Para este autor, a maximização do valor e a teoria dos *stakeholders* apenas são conflituantes quando a empresa é monopolista ou quando a sua atividade gera externalidades negativas.

Neste documento, começa-se por introduzir o conceito de governo das empresas e proceder à inserção da discussão suprarreferida no contexto desta temática. Em seguida, apresentam-se e discutem-se os conceitos de empresa baseada na maximização do valor e de empresa baseada no interesse de outras partes, bem como a teoria dos *stakeholders*, as principais críticas a que esta está sujeita e respetivas respostas. Discute-se, ainda, de que forma podem ser internalizados os interesses dos diferentes agentes económicos com interesses legítimos na vida das empresas. Por fim, para terminar a Parte I, apresenta-se a teoria da maximização do valor esclarecida, explicitando em que termos esta se compatibiliza com as outras duas perspetivas, mas igualmente se enumeram múltiplas questões remanescentes. Entre estas, contam-se o eventual *handicap* das empresas orientadas para os *stakeholders*, as consequências da interação competitiva entre estas e empresas orientadas para os acionistas, e o efeito decorrente dos tipos de *stakeholder* a privilegiar.

O mercado bancário, quer na Europa quer nos EUA, é conhecido por nele concorrerem, desde há muito, bancos que privilegiam a maximização dos lucros, e bancos de natureza cooperativa, mutualista ou estatal que supostamente são empresas orientadas para os *stakeholders*. Este mercado é, por isso, especialmente adequado para estudar tais questões. Assim, na Parte II procede-se a uma caracterização do sistema bancário europeu, distinguindo bancos orientados para os acionistas de bancos orientados para as partes interessadas, bem como se distinguem os mecanismos disciplinadores do respetivo governo. Por fim, identificam-se os conflitos de interesses que podem existir entre os diferentes *stakeholders* de um banco. Acresce que, como notam Macey & O'Hara (2003), muito pouca atenção tem sido dada ao governo dos bancos, bem menor do que a dada ao papel que os bancos podem ter no governo de outras empresas.

Na Parte III, propõe-se e apresenta-se um modelo teórico de coexistência de bancos de base acionista e de bancos de base mutualista, cooperativa ou estatal no mercado de concessão de empréstimos, que permite concluir sobre as consequências das diferentes opções que tomem os bancos do tipo *stakeholder*, quer para os seus clientes quer para os clientes dos bancos do tipo acionista.

Por fim, o documento termina com uma síntese conclusiva.

Parte I
O objetivo da gestão e do governo das empresas

1. Maximização do valor *versus* satisfação de outros interesses

1.1 Introdução ao conceito de governo das empresas

O governo das empresas tem atraído muita atenção dos reguladores, dos órgãos legislativos, da comunicação social e da opinião pública nas últimas duas décadas. Para isso muito contribuíram múltiplos escândalos empresariais tornados públicos no final dos anos 90 e início do novo milénio (Banco Espírito Santo e Portugal Telecom, em Portugal; ABB, Banesto, Metallgesellschaft, Seat, Suez, Swissair e Vivendi, no resto da Europa; Dynergy, Enron, Global Crossing, Qwest, Tyco e WorldCom, nos EUA).

Todavia, no plano académico, há muito que as implicações da separação entre a propriedade e a formulação da vontade contratual das empresas vêm suscitando reflexões e inquietações.

Na realidade, já Adam Smith (1776, p. 700) exprimia preocupações desta natureza afirmando que «*The directors of companies, being managers of other people's money than their own, it cannot well be expected that they should watch over it with the same anxious vigilance with which the partners in a private copartnery frequently watch over their own.*». Também, desde há muito, Berle & Means (1932) tornaram claro que a dispersão acionista cria substancial poder discricionário para os gestores, e que estes se podem perpetuar no poder e decidir quem são os seus sucessores. As implicações da separação entre a propriedade e a gestão – sendo que os interesses dos gestores (agentes) e dos proprietários (principais) não se alinham de modo espontâneo[1] –, conjugada com assimetria de informação, que cria a possibilidade de os gestores esconderem ações ou, pelo menos, as intenções com que as decisões são tomadas, igualmente ocuparam já muitas páginas na literatura da especialidade. Neste contexto, foi particularmente desenvolvida e sustentada a teoria da agência, quer no plano teórico (Jensen & Meckling, 1976) quer no plano empírico, em que vários estudos evidenciam que os custos de agência não são um mero conceito teórico, antes sendo uma realidade de dimensão relevante (*vide*, entre outros, para uma revisão da literatura, Shleifer & Vishny, 1997).

Em Portugal, datam igualmente de há muito tempo testemunhos que indicam ausência de um efetivo e eficaz controlo dos acionistas sobre os gestores das empresas, bem como a inexistência de atuação efetiva, independência e competência por parte de quem os fiscaliza. Assim o deixam claro, com efeito, as afirmações que se seguem, de 1926, de Fernando Pessoa e Francisco Caetano Dias:

> Os accionistas aprovam tudo – umas vezes porque o dividendo é magnífico, outras porque simplesmente confiam na apresentação que lhes é dada. E a Direcção e o Conselho Fiscal recebem os respectivos louvores. (...) Tudo está, pois, necessariamente certo. Acontece, porém, que muitas vezes está errado.
>
> (...)
>
> Quantos são os membros dos Conselhos Fiscais que examinam a valer as contas da Sociedade Anónima? Quantos são os membros dos Conselhos Fiscais que têm habilitações precisas (...) para esse exame? (...) Independência e competência são as duas qualidades que se exigem em quem fiscaliza.
>
> (Pessoa & Dias, 1926, p. 264 e sgs.)

[1] O mesmo se diga dos interesses de acionistas sem e com capacidade para influenciar a vida da empresa, quando a propriedade está parcialmente dispersa, altura em que o conflito entre os interesses dos diferentes principais (conflito principal-principal) sobreleva o conflito de interesses entre agentes e principais (conflito agente-principal).

Não obstante a antiguidade destas preocupações, a expressão *corporate governance* – que em Portugal foi traduzida, pela CMVM (1999), para *governo das sociedades*, que nas diretivas europeias é designada por *governação das sociedades*, e que doravante será igualmente expressa por *governo das empresas* ou *governo das organizações* –, tanto quanto é conhecido, só surgiria na literatura em Eells (1960, p. 108), para se referir à «*structure and functioning of the corporate polity*». O termo *corporate governance* deriva da analogia entre o governo das cidades e das nações com o governo das empresas.[2]

Mas afinal o que é o governo das empresas?

A resposta dependerá do destinatário da pergunta. Se dirigida a um economista[3], muito provavelmente será algo como o verbalizado por Shleifer & Vishny (1997, p. 737), «*Corporate Governance deals with the ways in which suppliers of finance to corporations assure themselves of getting a return on their investment*». Nesta perspetiva, coloca-se no centro das preocupações a que os órgãos sociais das empresas devem dar resposta a maximização da criação de riqueza e, concomitantemente, a satisfação dos interesses dos investidores, e em particular dos acionistas enquanto beneficiários últimos do valor criado.

A resposta de um jurista, provavelmente, colocará a ênfase na vertente jurídica e institucional de funcionamento dos órgãos societários, e dirá algo como «o sistema de normas jurídicas, de práticas e de comportamentos relacionados com a estrutura de poderes decisórios – incluindo a administração, a direcção e os demais órgãos directivos – e a fiscalização das organizações, compreendendo nomeadamente a determinação do perfil funcional dos actores organizativos e as relações entre estes (...)» (Câmara, 2011, p. 14).

[2] Para uma breve história da utilização do termo «*corporate governance*» ver Becht, Bolton & Röell (2003).

[3] Evidentemente que há muitos economistas com visões distintas das verbalizadas pelos autores citados. Todavia, esta é tida como a visão tradicionalmente predominante em economia (Tirole, 2001, 2006) e, como mais adiante se explicitará, parece, de facto, ser compatível com as assunções tradicionais dos manuais de economia e de finanças empresariais. Como bem notam Sundaram & Inkpen (2004), no campo das finanças (e, pode-se acrescentar, no campo da microeconomia e da economia industrial), a lógica da maximização de valor (lucro) para os acionistas é aceite como óbvia, de tal forma que os manuais em geral apenas a enunciam e raramente a discutem.

Se questionados reguladores ou comités de sábios[4] encarregados de elaborar regras de (boa) conduta no governo das empresas, provavelmente ouvir-se-ão respostas como as que se seguem, propostas, respetivamente, pelo Comité Cadbury (1992) e pela CMVM (1999):

> Corporate governance is the system by which companies are directed and controlled.
>
> Comité Cadbury (1992, p. 14)

> Sistema de regras e condutas relativas ao exercício da direcção e controlo das sociedades emitentes de acções admitidas à negociação em mercado regulamentado.
>
> CMVM (1999)

Por fim, muitos outros, designadamente políticos, gestores e consultores, mas igualmente académicos das áreas económicas e jurídicas, não se reverão em nenhuma das definições, e contestarão em especial a primeira. Estes arguirão que a definição de Shleifer & Vishny (1997) traduz uma versão muito estreita, muito preocupada com a rentabilidade dos investidores (e, em particular, com os acionistas), ignorando que em torno das empresas há outros agentes económicos com interesses legítimos, ditos

[4] Em muitos países foi e é muito frequente constituírem-se comissões *ad hoc*, compostas por pessoas experientes e conhecedoras, para elaborar recomendações de boas práticas de governo empresarial, a que se dá usualmente a designação de códigos de governo societário (*corporate governance codes*) ou códigos de boas práticas (*best practices codes*). Esta tradição foi iniciada no Reino Unido, com a Comissão presidida por Adrian Cadbury, que publicaria um relatório seminal (Comité Cadbury, 1992), no qual foi incluído um conjunto de recomendações de bom governo empresarial. Atualmente, por força da Diretiva 2006/46/CE, de 14 de junho, todas as empresas europeias cotadas são obrigadas a seguir um código de governo societário, sendo o cumprimento de cada uma das recomendações voluntário, mas sujeito ao princípio «cumpre ou explica» (*comply or explain*). Os códigos de governo societário que foram e vão sendo sucessivamente aprovados nos mais diversos países podem ser consultados em http://www.ecgi.org/codes/all_codes.php. Entre nós, a CMVM assumiu pioneiramente a tarefa de emitir recomendações de governo societário (*vide*, sobre o seu efeito, Alves & Mendes, 2004; e Alves & Mendes, 2009). Atualmente, é o Instituto Português de Corporate Governance que exerce esse papel.

de «*stakeholders*»[5] ou «partes interessadas»[6], tais como os trabalhadores, os fornecedores, os clientes, a comunidade onde a empresa está inserida e o Estado (Bratton, 2002; Blair, 2003). Nesta visão, os interesses desses outros agentes económicos devem ser internalizados, e por isso o governo da empresa deve tomar em consideração os propósitos sociais que as empresas devem servir. Nas palavras de Blair (2003, p. 113), «*The study of corporate governance must focus on more than just how to get management to maximize value for shareholders*». É esta também a perspetiva que a definição de Tirole (2001, p. 4) traduz, quando o autor refere que «*The traditional shareholder value approach is too narrow a view for an economic analysis of corporate governance. I will, perhaps unconventionally for an economist, define corporate governance as the design of institutions that induce or force management to internalize the welfare of stakeholders*».

Há, pois, múltiplas perspetivas sobre o que deve estar subjacente ao governo de uma empresa, que refletem, como adiante mais detalhadamente se discutirá, distintas visões sobre quantos e quais os critérios que devem presidir à tomada de decisões empresariais. Dificilmente haverá, por isso, uma definição de governo das sociedades que possa captar todas estas visões. A definição proposta no *Livro Branco Sobre* Corporate Governance *em Portugal* (Silva, Vitorino, Alves, Arriaga & Monteiro, 2006) é uma tentativa nesse sentido e talvez seja uma das conceptualizações que mais próximas estejam de captar as diferentes perspetivas sobre aquilo a que usualmente se refere quem usa a expressão. Naquele documento diz-se que:

> A expressão «governo da sociedade» designa o conjunto de estruturas de autoridade e de fiscalização do exercício dessa autoridade, internas

[5] A palavra «*stakeholder*» foi, tanto quanto é conhecido, usada pela primeira vez em 1963, num memorando interno do Stanford Research Institute (Freeman, 2010). O termo foi aí aplicado para generalizar a noção de acionista (*stockholder* ou *shareholder*) a todos os demais grupos de pessoas sem as quais a organização deixaria de existir. Atualmente, o conceito é utilizado para se referir a qualquer pessoa ou grupo que pode afetar ou ser afetado pela concretização dos objetivos da organização (Freeman, 2010).

[6] Doravante usar-se-ão indistintamente as expressões «*stakeholder*» e «parte interessada». O uso da palavra anglo-saxónica deve-se à sua simplicidade (uma vez que é uma só palavra), à sua qualidade pedagógica (por força da contraposição com palavra «*shareholder*»), e ao facto de, mesmo em países não anglo-saxónicos, incluindo Portugal, o seu uso ser corrente.

> e externas, tendo por objectivo assegurar que a sociedade estabeleça e concretize, eficaz e eficientemente, actividades e relações contratuais consentâneas com os fins privados para que foi criada e é mantida e as responsabilidades sociais que estão subjacentes à sua existência.
>
> Silva et al. (2006, p. 12)

Na introdução à definição de governo das empresas, importa igualmente clarificar, ainda que de modo muito breve, no que é que o conceito de *governo* se distingue do conceito de *gestão* das empresas. Tricker (2012, p. 44) sintetiza os dois conceitos referindo que:

> Management runs the business; the board ensures that it is being well run in the right direction.

Aquele autor identifica como principais tarefas do *board* (o mesmo é dizer do governo da empresa)[7] a formulação (em conexão com os gestores de topo) da estratégia, a definição das principais políticas da empresa que

[7] A formulação de Tricker (2012) tem subjacente o modelo monista (*one tier*) anglo-saxónico. Neste modelo há um único órgão de governo, o conselho de administração (*board of directors*), existindo no seu seio um comité de auditoria (*audit committee*). Há, evidentemente, outras formas institucionais de organizar o governo das empresas. Na Europa continental, particularmente na Alemanha e na Holanda, vigora o sistema dualista (*two tiers*) continental ou germânico, no qual um conselho geral e de supervisão composto na sua totalidade por não-executivos se encarrega das matérias de governo, ao passo que o conselho de administração executivo integra somente membros executivos e se encarrega das tarefas de gestão. Em países do Sul da Europa tradicionalmente predomina o modelo latino (*vide* Alves & Vicente, 2013), composto por um conselho de administração (que pode ou não incluir membros não executivos) e um conselho fiscal (a quem competem as funções de fiscalização). No modelo anglo-saxónico, as funções de fiscalização são cometidas à (para usar a terminologia do legislador português) comissão de auditoria e no modelo dualista continental são exercidas pelo conselho geral e de supervisão, ainda que, neste caso, algumas das funções de fiscalização sejam desempenhadas por uma comissão interna a este órgão (que em Portugal tem a designação de «comissão para as matérias financeiras»). A legislação portuguesa, desde 2007, permite optar por um destes três modelos, sendo ainda possível às empresas não cotadas optar pelo modelo latino com um fiscal único em vez de um conselho fiscal (*vide* artigos 278.º e 413.º, do Código das Sociedades Comerciais). Para aprofundamento das características dos sistemas anglo-saxónico e continental de governo das empresas ver, entre outros, Prigge (1998), Alves (2005) e Alves & Vicente (2013).

traduzam essa estratégia, o acompanhamento e a supervisão das atividades dos gestores executivos e, por fim, assegurar que a prestação de contas reflete as atividades e a performance da empresa. As duas primeiras são primordialmente viradas para o futuro, enquanto as outras são fundamentalmente focadas no passado e no presente.

Além disso, salienta o mesmo autor, o governo da empresa é tarefa do conselho de administração (*board*), sendo a gestão tarefa de profissionais dos quais apenas alguns (se alguns) pertencem a esse órgão. Por fim, a gestão frequentemente envolve uma relação hierárquica que está legalmente ausente do conselho de administração. Todos os membros deste órgão têm as mesmas obrigações e gozam de poderes similares conferidos pela lei («*There is no executive "boss" of a board*», Tricker, 2012, p. 42).

1.2 A Empresa baseada na maximização do valor e a empresa baseada nos *stakeholders*

O debate sobre o que é o governo das empresas e sobre a forma como esse governo deve ser organizado e instituído trouxe à luz do dia, como já se referiu, distintas visões sobre a função objetivo de uma empresa.

A teoria económica tem, desde sempre, assumido que o objetivo das empresas é a maximização dos lucros, na terminologia da microeconomia, ou a maximização do valor da empresa (ou mais especificamente do capital dos seus acionistas), se considerada a perspetiva das finanças empresariais.[8] Esta visão não ignora que há unidades empresariais como, por exemplo, hospitais ou empresas de transportes públicos que poderão ter como objetivo, respetivamente, proporcionar cuidados de saúde gratuitos

[8] Qualquer manual de microeconomia deixa, com efeito, isso muito claro. *Vide*, entre outros, Varian (1992) e Besanko & Braeutigam (2011). Da mesma forma que assim o indicam os manuais de finanças empresariais. *Vide*, entre outros, Tirole (2006), Hillier, Ross, Westerfield & Jaffe (2013) e Brandão (2014). Reconheça-se, no entanto, que enquanto o Teorema de Separação de Fisher mostra que em mercados completos e competitivos a preferência dos acionistas é a maximização do lucro, existindo concorrência imperfeita ou externalidades já não é tão claro qual a função objetivo que as empresas deveriam adotar (*vide* Kelsey & Milne, 2006, 2008). Esta temática será retomada adiante.

ou transportes a um preço razoável. A literatura igualmente não ignora que há muitas empresas privadas que estabelecem outros objetivos que não o lucro ou a maximização do valor, como a maximização da quota de mercado ou a maximização do seu tamanho (em termos de ativos ou de faturação). Todavia, para empresas privadas, constituídas com o fim de exercer atividade económica com fins lucrativos, quer a teoria microeconómica quer as finanças empresariais estabelecem um objetivo único, ainda que (como referido) verbalizado de forma distinta, e este é o da salvaguarda dos interesses dos acionistas. Nesta perspetiva, a empresa deve visar a maximização dos lucros, sendo os demais *stakeholders* protegidos pelos contratos e pela regulação (Bénabou & Tirole, 2010).

Porém, em 1969, num ato que é considerado paradigmático e indutor de uma outra linha de pensamento, um grupo de advogados liderado por Ralph Nader lançou uma campanha, intitulada *Project on Corporate Responsability*, com a seguinte declaração:[9]

> Today we announce an effort to develop a new kind of citizenship around an old kind of private government – the large corporation. It is an effort which rises from the shared concern of many citizens over the role of the corporation in American society and the uses of its complex powers. It is an effort which is dedicated toward developing a new constituency for the corporation that will harness these powers for the fulfillment of a broader spectrum of democratic values.[10]

Esta declaração não corresponde a menos do que mudar a função objetivo da empresa (Brickley et al., 1994). Trata-se de transformar a empresa de veículo de criação de riqueza (para os seus acionistas) em veículo de uso de riqueza privada em instrumentos de resolução de problemas sociais (Brickley et al., 1994).

Não tardou muito até que o Prémio Nobel da Economia Milton Friedman respondesse a esta nova linha de pensamento, dizendo que a responsabilidade dos gestores é conduzir os negócios de acordo com a vontade dos

[9] Declaração reproduzida por Brickley, Smith & Zimmerman (1994, p. 21).

[10] A ideia de que a empresa deve ser vista como uma entidade distinta dos seus acionistas e de que tem responsabilidades de cidadania é, porém, bastante mais antiga e é atribuída a Dodd (1932).

acionistas, a qual, em geral, é «*to make as much money for its owners as possible while conforming to the basic rules of society*» (Friedman, 1970).[11] Acrescentando ainda, desta vez referindo-se à possibilidade de um gestor realizar despesas além das estritamente justificadas pelo interesse dos acionistas para melhorar o ambiente, que o problema, nesse caso, é que «*the corporate executive would be spending some else's money for a general social interest*» quando «*the stockholders or the costumers or the employees could separately spend their own money on the particular action if they wished to do so*» (Friedman, 1970).[12-13]

Estavam, porém, lançadas as bases para uma discussão sobre qual o objetivo com que as empresas devem ser geridas e governadas.[14]

[11] Esta afirmação de Friedman deixa patente que a maximização dos lucros pelas empresas não pode (ou pelo menos não deve) ser realizada com atropelos à lei ou incumprindo os contratos assinados. A ideia de que as empresas devem maximizar os seus lucros, sem olhar a meios, não cumprindo a lei ou incumprindo as responsabilidades contratualmente assumidas, carece de legitimidade social.

[12] Neste artigo, publicado no *New York Times Magazine*, Friedman contesta igualmente a ideia de que as empresas têm responsabilidades sociais. Para ele, as empresas são «pessoas artificiais», pelo que apenas as pessoas singulares (incluindo os acionistas e os gestores das empresas) possuem responsabilidades sociais. No cumprimento das suas responsabilidades sociais, acrescenta Friedman, o gestor deve atuar enquanto principal e não enquanto agente, o que significa que deve usar os seus próprios recursos e não os recursos alheios cuja gestão lhe é confiada.

[13] Alguns autores acrescentam a ideia de que, maximizando a riqueza dos acionistas, as empresas efetivamente alargam o conjunto de recursos individuais (designadamente os dos acionistas, mas também os dos trabalhadores, dos fornecedores e de outros agentes económicos) disponíveis para financiar iniciativas de mérito cultural ou social (Brickley, 1998). Outros acrescentam que disponibilizar mais dinheiro da empresa para obras sociais (*charity*) corresponde a tributar implicitamente outros *stakeholders*, e que as consequências do incremento da responsabilidade social das empresas incluem a diminuição das taxas de crescimento económico (Brickley, Smith & Zimmerman, 2004).

[14] Subjacente a esta questão está igualmente um distinto entendimento sobre o que é uma empresa. A perspetiva da maximização dos lucros (tal como a teoria da agência) encontra raízes na perspetiva de Coase (1937). Este autor argumenta que as empresas são nexos de contratos que minimizam os custos de transação, e que é esta minimização que justifica que se faça dentro das empresas tudo aquilo que teria custos acrescidos se transacionado no mercado. Esta perspetiva dá justificação para a existência das empresas bem distante da perspetiva de «cidadania das empresas» de Dodd (1932), subjacente aos movimentos de Ralph Nader e de outros ativistas da responsabilidade social das empresas.

Caixa #1 Caso Dodge vs. Ford Motor Company

The event that led to the clearest articulation of the primacy of the shareholder value maximization in the United States was the ruling by the Michigan State supreme court in Dodge vs. Ford Motor Company, 1919. Henry Ford wanted to invest Ford Motor Company's considerable retained earnings in the company rather than distribute it to shareholders. The Dodge brothers, minority shareholders in Ford Motor Company, brought suit against Ford, alleging that his intention to benefit employees and consumers was at the expense of shareholders. In their ruling, the Michigan court agreed with the Dodge brothers: «The business corporation is organized and carried on primarily for the profit of stockholders. The powers of the directors are to be employed for that end.»

Sundaram & Inkpen (2004, p. 351)

A teoria dos *stakeholders* veio, pois, contrapor à abordagem tradicional de objetivo único, uma nova perspetiva, estipulando que a empresa deve servir um propósito social amplo e comportar-se de forma «responsável», de modo a atingir os interesses de todos os *stakeholders* e não somente dos acionistas. Nas palavras de Jensen (2001, p. 297), «*stakeholder theory, argues that managers should make decisions so as to take account of the interests of all stakeholders in a firm (including not only financial claimants, but also employees, customers, communities, governmental officials and under some interpretations the environment, terrorists and blackmailers)*» e nas de Clarkson (1995, p. 112) «*the economic and social purpose of the corporation is to create and distribute wealth and value to all its primary stakeholder groups, without favoring one group at the expense of others*».

De forma conexa com a discussão da missão da empresa, surge a discussão sobre a forma como devem ser internalizados os interesses dos diferentes *stakeholders*, o mesmo é dizer sobre a forma como o controlo sobre o processo de decisão nas empresas deve ser partilhado entre os acionistas e outros agentes económicos com interesses legítimos na vida de tais entidades (Tirole, 2001). A esta questão dedicar-se-á o ponto 1.4, pelo que, por enquanto, dar-se-á apenas atenção à questão da missão da empresa.

No que é que consiste, porém, a teoria dos stakeholders, e no que é que esta outra perspetiva sobre a missão das empresas colide com a perspetiva tradicional focada na maximização do valor e nos acionistas como o único grupo a quem os gestores devem lealdade?

1.3 A teoria dos *stakeholders* e suas críticas

1.3.1 A teoria dos *stakeholders*

A teoria dos *stakeholders* defende, como já referido, que as empresas devem ser geridas e governadas de modo a dar satisfação aos interesses de todos os *stakeholders*, e não apenas aos interesses dos acionistas.[15] *No que é que isto se traduz?*

Tirole (2006) dá alguns exemplos do que esta perspetiva implica. Entre estes:

(i) As empresas devem abster-se de despedir ou promover o *lay-off* dos trabalhadores quando realizam lucros;
(ii) As empresas devem abster-se de fechar fábricas em áreas economicamente constrangidas, exceto quando estritamente necessário, e em circunstâncias normais devem contribuir para a melhoria da vida da comunidade onde estão inseridas;
(iii) As empresas não devem maximizar o valor do capital acionista à custa dos credores;
(iv) As empresas devem proteger o ambiente. As empresas igualmente devem abster-se de corromper, praticar ou cooperar com atos de fuga ao Fisco.

[15] A ligação da teoria dos *stakeholders* com a gestão estratégica é uma linha de investigação iniciada em trabalhos pioneiros como o de Freeman (2010), cuja versão original é de 1984. Essa dimensão da literatura escapa aos propósitos deste texto, pelo que a discussão continuará a ser centrada nas dimensões estritamente relevantes para a temática do governo das sociedades.

Há alguma função objetivo que possa traduzir esta perspetiva? Tirole (2001, p. 24) sustenta que

> the stakeholder society may refer to a broad mission of management. According to this view, management should aim at maximizing the sum of the various stakeholders' surpluses (adopting an utilitarian approach); and, if management is not naturally inclined to do so, incentives should be designed that induce management to account for the externalities imposed on all stakeholders.

Isto corresponde, grosso modo, a dizer que as decisões de gestão empresarial devem visar maximizar o bem-estar social.

Na mesma linha, Jensen (2001, 2002)[16], enquanto critica a teoria dos *stakeholders* por esta não proporcionar uma «*corporate objective function*», estabelece um confronto entre as duas perspetivas (maximizar o valor e satisfazer os interesses dos diferentes *stakeholders*) com base nas implicações de ambas as perspetivas relativamente ao bem-estar social.

Todavia, a teoria dos *stakeholders* rejeita a ideia de que a realidade possa ser subsumida a uma única função objetivo. Assim o atestam testemunhos como: «*To the contrary, a stakeholder approach rejects the very idea of maximizing a single-objective function (...). Rather, stakeholder management is a neverending task of balancing and integrating multiple relationships and multiple objectives*» (Freeman & McVea, 2001, p. 194). O mesmo o indicam Freeman, Wicks & Parmar (2004, p. 368), para quem

> Unlike the narrow view of shareholder theory that ascribes one objective function to all corporations, stakeholder theory admits a wide range of answers. In this view, there is not just one stakeholder theory, but many possible normative cores (...) that make up the genre of stakeholder theory (...). On this account, even shareholder theory is, in fact, a version of stakeholder theory.

[16] Trata-se, no essencial, do mesmo artigo. Diferenças entre os dois refletem meramente diferenças de estilo das revistas. Doravante, as referências reportar-se-ão apenas ao primeiramente publicado.

Isto é, estes autores rejeitam não só a ideia de que exista (ou deva existir) um único objetivo, como rejeitam a ideia de que a multiplicidade de objetivos a prosseguir seja (ou deva ser) a mesma para todas as empresas. Nesta perspetiva, a maximização do valor para os acionistas (que igualmente são *stakeholders*) é um caso particular de uma teoria mais ampla. De acordo com esta tese, «*The best deal for all is if managers try to create as much value for stakeholders as possible. There are, of course, conflicts among stakeholder interests but these conflicts must be resolved so that stakeholders do not exit the deal – or worse – use the political process to appropriate value for themselves or regulate the value created for others*» (Freeman et al., 2004, p. 365 e sg.)».

Alguma literatura é muito enfática na chamada de atenção de que o espaço de divergência das duas perspetivas é muito mais estreito do que aquilo que à primeira vista poderia parecer, e que muitas vezes se aplica o rótulo de responsabilidade social a algo que não é mais do que maximização dos lucros ou do valor acionista.[17] Essa literatura chama a atenção que não é possível maximizar duradouramente o valor ignorando os interesses dos demais *stakeholders* (Jensen, 2001; Tirole, 2006). Assim, por exemplo, tratar bem os trabalhadores, seja no que respeita a higiene e segurança no trabalho, seja no que respeita a formação ou no que respeita a facilitar as dimensões familiares e particulares das suas vidas, não é (ou, pelo menos, não é necessariamente) incompatível com o objetivo de maximização do lucro. Da mesma forma que ter práticas ambientais sustentáveis, ou não pactuar com a utilização de mão de obra infantil, poderá não ser mais do que o necessário para agradar aos consumidores e maximizar o valor do capital acionista. Tratar os demais *stakeholders* de forma justa em ordem a maximizar os interesses dos acionistas não é, pois, o escopo da teoria dos *stakeholders* (Jensen, 2001; Tirole, 2006). Nesse contexto, nada divide uma perspetiva da outra.[18] O problema coloca-se quando a satisfação dos

[17] Outra literatura igualmente nota a sua complementaridade. É o caso de Meyers & Gupta (1994), que sustentam que a teoria dos *stakeholders* proporciona bases para medir o trabalho dos gestores a nível operacional, enquanto a teoria da maximização do valor para os acionistas proporciona medidas de desempenho que funcionam nos mercados financeiros.

[18] Note-se, curiosamente, que, num artigo em defesa da perspetiva da maximização do valor para os acionistas, Sundaram & Inkpen (2004) defendem que este objetivo é pro-*stakeholder*, na medida em que, maximizando o valor do capital dos acionistas, a gestão maximiza o valor

interesses de outros *stakeholders* implica o sacrifício do valor atual dos lucros atribuíveis aos acionistas (Jensen, 2001; Sundaram & Inkpen, 2004; Tirole, 2006). Nesse contexto: que interesses privilegiar quando estes entrarem em conflito? Quem deve tomar essa decisão? Como decidir?

1.3.2 Principais críticas à teoria dos *stakeholders* e sua resposta

A teoria dos *stakeholders* é criticada, como já referido, por não proporcionar uma completa especificação do propósito da empresa (Jensen, 2001; Sundaram & Inkpen, 2004). A ausência de uma função objetivo clara e de uma variável única em ordem à qual essa função objetivo deva ser otimizada é tida como proporcionando confusão na gestão, conflitos de interesses, ineficiência e talvez mesmo falhas na sua capacidade concorrencial (*vide*, entre outros, Jensen, 2001; Sundaram & Inkpen, 2004). Na realidade, não havendo nenhum objetivo, como saber se uma decisão é boa ou má? Neste contexto, com *n* gestores, ter-se-iam *n* regras de decisão diferentes e, possivelmente, *n* conclusões distintas. Do mesmo modo, a multiplicidade de objetivos cria dilemas na hora de decidir. Por exemplo (baseado em Jensen, 2001), se forem estipulados como objetivos maximizar a quota de mercado e maximizar os lucros, o que fazer perante um projeto (vg, uma campanha publicitária) que aumenta a quota de mercado e que (pelo menos a partir de determinada altura) reduz os lucros?

Para evitar a confusão na hora de decidir, torna-se necessário hierarquizar os objetivos. Todavia, a teoria dos *stakeholders* não proporciona resposta sobre quais objetivos privilegiar na hora em que se tornem conflituantes. Algumas empresas adotam o *balanced scorecard*[19] como sistema de medida de

total da empresa. Num artigo de resposta, Freeman et al. (2004) contrapõem que o objetivo de criação de valor para os *stakeholders* é decididamente pro-acionista, dado que, criando valor para os *stakheolders*, a empresa cria valor para os seus acionistas. Parece, pois, que ambas as perspetivas concordam que os interesses dos acionistas e dos demais *stakeholders* não são sempre conflituantes, e que, pelo contrário, há um amplo espaço de convergência.

[19] Trata-se de um conjunto de medidas que dão aos executivos uma rápida, mas abrangente, visão do negócio. Aqui se incluem métricas financeiras e métricas operacionais, como a satisfação do cliente, processos internos e atividades de inovação e outras que são indutoras de desempenho financeiro futuro (Kaplan & Merton, 1992).

desempenho, o qual é tido como a versão equivalente à teoria dos *stakeholders* no que respeita à gestão (Jensen, 2001). Todavia, a teoria dos *stakeholders* não proporciona critério para hierarquizar a importância dos diferentes *stakeholders* e, correspondentemente, dos objetivos a satisfazer (Sundaram & Inkpen, 2004). Alguns dos defensores da teoria dos *stakeholders* sustentam, aliás, que todos os legítimos interesses dos *stakeholders* têm valor intrínseco e nenhum interesse particular deve dominar os outros (Clarkson, 1995).

Em resposta à crítica de que a teoria dos *stakeholders* não proporciona um critério (único) pelo qual as decisões são boas ou más, os seus defensores argumentam que o mundo é muito complexo para que a empresa se foque num objetivo único, que os gestores e os administradores são racionais e que cada empresa encontrará a sua solução para o problema de compatibilização dos múltiplos interesses que deve prosseguir (Freeman et al., 2004). A esta tese contrapõe a outra corrente argumentando que, evidentemente, em última instância, os gestores e os órgãos sociais da empresa têm de decidir. E fazem-no. Todavia, na ausência de uma função objetivo inequívoca, colocam-se questões de legitimidade social, económica e política da sua escolha, que a teoria dos *stakeholders* não resolve (Sundaram & Inkpen, 2004).

Uma outra crítica que é usualmente formulada à perspetiva baseada no interesse dos *stakeholders* é a de que esta vai ao encontro do interesse pessoal dos gestores (e daí ser tão popular entre eles).[20] Sem uma função objetivo inequívoca não há um critério claro pelo qual a performance dos gestores possa ser avaliada (Jensen, 2001). Se os seus lucros são inferiores aos dos seus pares, estes sempre podem contrapor que a sua quota de mercado aumentou, que as suas práticas ambientais são mais sustentáveis, que registam maior índice de satisfação dos trabalhadores ou dos clientes, ou

[20] Em 19 de agosto de 2019, através da Roundtable (2019) (uma associação sem fins lucrativos de CEO), 183 líderes executivos das principais empresas norte-americanas assinaram uma declaração em que afirmam que todos os *stakeholders* (trabalhadores, clientes, fornecedores e acionistas) são essenciais e se comprometem a criar valor para todos eles, para o futuro sucesso das empresas, das comunidades e do país. Neste documento, os signatários comprometem-se a entregar valor aos clientes, a investir nos colaboradores, a negociar justamente e eticamente com os fornecedores, a apoiar as comunidades em que se inserem e, finalmente, a criar valor a longo prazo para os acionistas (Business-Roundtable, 2019).

invocar a concretização de um qualquer outro desiderato que possa cair no escopo amplo das missões da empresa.

O ruído que a multiplicidade de objetivos introduz na avaliação do desempenho dos gestores é tido como reduzindo o nível de disciplina e de controlo a que estes podem ser submetidos, permitindo-lhes devotar recursos da empresa para as suas causas favoritas. Este contexto pode ser favorável ao surgimento de custos de agência. Esta possibilidade de, a coberto da teoria dos *stakeholders,* os gestores extraírem benefícios privados é patente em afirmações como a que se segue:

> Corporate charitable contributions should be seen as part of the company's marketing strategy. If they promote the company's products or brand identity, then it's fine. If the money goes to the ballet so the CEO's wife can be on the ballet board, or to the local university whose president happens to be the chair of the company board's compensation committee, not fine.
>
> Nell Minow (2002[21])

Adicionalmente, é muitas vezes referido que, enquanto titulares de direitos residuais, os acionistas são quem tem o maior incentivo para induzir a empresa a assumir riscos. Pelo contrário, conduzir os destinos da empresa no interesse de grupos que não possuem tais direitos levaria à minimização do risco (Sundaram & Inkpen, 2004). Assim, por exemplo, os trabalhadores tenderão a preferir estabilidade dos *cash-flows,* de modo a ter perspetiva de emprego permanente, em vez de fluxos financeiros voláteis, que (podendo trazer salários mais altos, igualmente) traduzem maior incerteza quanto à estabilidade do emprego. Esta preferência das partes interessadas, com exceção dos acionistas, pela dissuasão dos gestores da tomada de risco, terá como consequência a deterioração da capacidade de a empresa inovar e de se manter competitiva (Sundaram & Inkpen, 2004).

Em defesa da perspetiva dos *stakeholders* pode, neste contexto, ser lembrado que os acionistas beneficiam do sucesso da empresa, mas apenas perdem o montante do capital investido (e não mais do que isso) quando os investimentos correm mal. Isso pode induzir as empresas a assumir

[21] Citado em artigo jornalístico do *New York Times* (Strom, 2002).

riscos excessivos, colocando em causa os interesses legítimos dos demais *stakeholders*, e potencialmente induzindo a perdas sempre que a empresa acaba por falir ou ser incorporada numa outra. Além disso, igualmente pode ser invocado que, tal como os acionistas frequentemente recorrem a mecanismos de incentivo (remuneração variável, opções ou outros), para alinhar os seus interesses com os gestores, mecanismos idênticos podem ser usados para induzir outros grupos de *stakeholders* a assumir e a partilhar riscos com os acionistas (Tirole, 2006).

Uma crítica adicional que é formulada à teoria dos *stakeholders* é a de que esta ignora que existem potenciais conflitos entre os interesses de diferentes grupos de *stakeholders*, bem como entre os diferentes membros de um mesmo grupo. Assim, desde logo, os interesses de diferentes tipos de *stakeholders* podem entrar em conflito entre si (*vg*, salários mais altos serão provavelmente preferidos pelos trabalhadores, enquanto os clientes preferirão preços mais baixos). De igual modo, as preferências podem também ser diferentes dentro de um mesmo grupo (*vg*, alguns trabalhadores poderão preferir melhores salários, enquanto outros poderão ter preferência por segurança e estabilidade no emprego) (Jones, 1995; Sundaram & Inkpen, 2004). Uma vez mais, a resposta em defesa da perspetiva dos *stakeholders* é, simplesmente, a de que nenhum interesse particular deve dominar os outros (Clarkson, 1995).

Caixa #2 Alteração da Tributação dos Dividendos

Um caso recente ocorrido em Portugal tornou claro um conflito entre diferentes *stakeholders*. Em 2010, foi aprovado, no âmbito da Lei do Orçamento do Estado, que entraria em vigor em 1 de janeiro de 2011, um aumento da taxa de imposto sobre os dividendos. Na sequência disso, várias empresas decidiram antecipar a distribuição de dividendos, atribuindo em 2010 um dividendo extraordinário aos seus acionistas. Assim procederam empresas como a Portugal Telecom, a Jerónimo Martins, a Portucel e a Brisa. O primeiro-ministro da altura, José Sócrates, em declarações à Rádio Renascença, em 4 de novembro de 2011, considerou «imoral a antecipação de dividendos da PT» (Rádio Renascença, 2010).

Alguns autores lembram ainda, em defesa da perspetiva da prevalência dos interesses dos acionistas, que os *stakeholders* podem tornar-se acionistas, mas que o contrário é mais difícil (Sundaram & Inkpen, 2004). Em resposta, partidários da perspetiva dos *stakeholders* lembram que não é difícil os acionistas tornarem-se *stakeholders*, pela razão simples de que já o são (Freeman et al., 2004). Além disso, acrescente-se, em alguns casos é fácil qualquer acionista tornar-se consumidor, o mesmo não se diga quanto a ser trabalhador ou fornecedor, do mesmo modo que não é fácil a qualquer trabalhador, fornecedor ou cliente tornar-se acionista com posição relevante e influente numa empresa.[22]

Adicionalmente, é normalmente invocado que os acionistas, na medida em que, ao contrário dos demais *stakeholders*, fazem um investimento afundado (isto é, investem o seu capital no momento em que adquirem as ações e ficam à espera de contrapartidas que poderão não chegar ao longo do tempo), e são apenas titulares de direitos residuais, são merecedores de acrescida proteção legal.[23]

Acresce ainda que, além da lei, que igualmente é instrumento de proteção dos acionistas, os demais *stakeholders* são protegidos por contratos (Sundaram & Inkpen, 2004). Nada impede, no plano teórico, como nota Tirole (2006), que as partes estabeleçam entre si um acordo eficiente para defesa dos interesses de cada um. Por exemplo, um acordo entre a empresa e os trabalhadores pode estabelecer uma razoável compensação para estes em caso de encerramento de uma unidade produtiva, em vez de deixar a sua proteção exclusivamente ao encargo do legislador ou de alargar os deveres de lealdade dos administradores de empresas a um grupo alargado de *stakeholders*. Teoricamente é, pois, possível consagrar contratualmente a defesa dos interesses dos demais *stakeholders*, que não os acionistas.

[22] Sem prejuízo do referido, alguma literatura testemunha que nos EUA os sindicatos e os mecanismos que agregam ações adquiridas por trabalhadores em planos de incentivo dos trabalhadores são acionistas ativistas com influência no governo das empresas em que participam (Milstein & MacAvoy, 1998).

[23] Existem, com efeito, dois tipos de direitos contratuais (Grossman & Hart, 1986): direitos específicos e direitos residuais de controlo. A propriedade das ações corresponde à titularidade desses direitos residuais de controlo, enquanto a relação da empresa com os demais *stakeholders* é usualmente materializada em direitos contratuais específicos.

O incumprimento desses contratos pela empresa confere aos *stakeholders* a possibilidade de recorrer aos tribunais para exigir o seu cumprimento (Sundaram & Inkpen, 2004; Tirole, 2006).

Em defesa da perspetiva dos *stakeholders* pode também contrapor-se que os acionistas têm sempre a possibilidade de sair vendendo as suas ações em mercado (Freeman et al., 2004), invocar-se que o recurso a instâncias judiciais implica custos não despiciendos e lembrar-se que não existem contratos completos. A incompletude dos contratos manifesta-se, por exemplo, na existência de cláusulas implícitas (*vide*, por exemplo, Brickley et al., 2004). Note-se, como ilustração, que os contratos de trabalho não contemplam, por regra, cláusulas que definam em que condições o trabalhador é promovido. Donde, um trabalhador pode ser o mais eficiente, competente e diligente, e não ser o promovido, sem que isso lhe permita reivindicar o direito contratual à promoção. Todavia, em circunstâncias normais, está implícito na relação trabalhador-empregador que tais comportamentos e desempenhos serão premiados com promoções, desde que existam oportunidades para tal.

A incompletude dos contratos é especialmente gravosa quando existem investimentos específicos[24] de alguns *stakeholders*, e estes podem ser expropriados («*holdup problem*») das rendas[25] ou quase-rendas[26] de que beneficiam. É esse o caso, por exemplo, de um trabalhador que se dedica durante anos a uma empresa, desenvolvendo competências específicas, e que perderá a sua quase-renda se for despedido ou despromovido na sequência de uma oferta pública de aquisição. Neste caso,

[24] Investimentos especificamente realizados para servir uma dada empresa. Esse investimento tem mais valor para essa empresa do que para qualquer outro empregador ou fornecedor. Por exemplo, o desenvolvimento de um molde para produzir faróis para um dado modelo de automóvel não tem valor para nenhum outro produtor que não aquele que produz esse modelo de automóvel. Para aprofundamento do conceito, ver, entre outros, Besanko, Dranove & Shanley (2000).

[25] Diferença entre o valor que um vendedor recebe numa transação e o montante mínimo que estaria disposto a receber para entrar nessa transação (Besanko et al., 2000).

[26] A quase-renda é a diferença entre o montante recebido por um trabalhador ou fornecedor nos termos explicita ou implicitamente atualmente contratados com a empresa e o montante mínimo que teria de receber para não cessar a sua relação contratual após ter realizado investimentos específicos (Besanko et al., 2000).

os acionistas sairiam beneficiados encaixando o prémio pago pelo adquirente, mas os *stakeholders* que percam quase-rendas (designadamente, os trabalhadores, os fornecedores e a comunidade onde a sociedade visada está inserida) terão os seus interesses prejudicados, sem que (em circunstâncias normais[27]) os contratos celebrados os possam defender.

Acresce que os contratos podem ser celebrados com assimetria de informação e que o poder negocial nem sempre é idêntico para ambas as partes (em muitos casos, como o dos trabalhadores, com prejuízo do *stakeholder* e em benefício da empresa).

Por fim, é ainda notado que os acionistas são protegidos por regulações e reguladores específicos – especialmente se se tratar de empresas cotadas – (Freeman et al., 2004) e que não é totalmente verdade que os acionistas não disponham da possibilidade de recorrer a instâncias judiciais para fazer valer os seus interesses. É esse o caso das ações coletivas («*class actions*») e das «*derivative lawsuits*». Nas primeiras, um grupo de indivíduos («*class*») demanda alguém para obter uma compensação por perdas incorridas. Nas segundas, há um processo judicial contra os gestores das empresas em nome de todos os acionistas, depois de aqueles se terem recusado a alterar um dado comportamento após petição para o efeito.

1.4 Internalização da defesa dos interesses dos diferentes *stakeholders*

De forma conexa com a discussão da missão da empresa, como já referido, surge a discussão sobre a forma como podem e como devem ser internalizados os interesses dos diferentes *stakeholders* (Tirole, 2001). Neste contexto, procuram-se respostas para questões como: quem define e determina os interesses de cada grupo de stakeholders? Quem decide que interesse privilegiar se os interesses dos diferentes *stakeholders* entrarem em conflito entre si?

[27] Alguns *stakeholders*, designadamente credores, algumas vezes incluem cláusulas de proteção contra oferentes hostis («*raiders*»), estipulando, por exemplo, que os contratos de mútuo se vencem de imediato se a empresa for objeto de uma oferta pública de aquisição.

No plano académico, Blair & Stout (1999) consideram que deve ser um «*independent board of directors*» a distribuir as rendas pelos diferentes *stakeholders*, e Porter (1992) argumenta a favor da presença no conselho de administração de representantes dos consumidores, dos fornecedores, dos empregados, dos consultores financeiros e de representantes da comunidade, de modo que cada um possa exprimir e defender os seus interesses. Em alguma medida, uma composição desta natureza foi recentemente tentada em Portugal na Caixa Geral de Depósitos (CGD), onde esteve para ser concretizada uma solução de governo com a presença de representantes de vários grupos de *stakeholders*, em particular dos grandes clientes (Carrapatoso, 2016). Esta solução não terá sido concretizada por oposição do Banco Central Europeu (Sapage, 2016). Todavia, a discussão que se seguiu à sua propositura tornou claro que a presença de alguns clientes no conselho de administração pode dissuadir outros de continuar a relação comercial com a empresa (particularmente no caso de esta ser um banco), pois há o risco de os seus concorrentes (presentes nos órgãos de governo) acederem a informação privilegiada de valor concorrencial.[28] Por exemplo, a presença de administradores da Peugeot-Citroën e da Sonae no conselho de administração da CGD não deixaria, com certeza, de colocar a outros produtores de automóveis ou a outros operadores do setor da distribuição dúvidas sobre se os seus concorrentes não acederiam a mais informação do que aquela que desejariam ver com eles partilhada.[29]

[28] Segundo notícias veiculadas pelos órgãos de comunicação social, terão sido propostos administradores com ligações às seguintes entidades: Unicer, Peugeot-Citroën, Sonae, Renova, Sogrape, Fundação Champallimaud e Porto Bay (Carrapatoso, 2016).

[29] Note-se que a presença de acionistas que são concorrentes da própria empresa nos seus órgãos de governo não deixa de colocar problemas similares. Por isso, a lei em Portugal considera incompatíveis com o exercício de funções no conselho fiscal, fiscal único, comissão de auditoria e mesa da assembleia-geral todos os que exerçam funções em empresa concorrente e que atuem em representação ou por conta desta ou que por qualquer outra forma estejam vinculados a interesses de empresa concorrente (artigos 374.º-A, 414.º-A e 423.º-B do CSC).

Caixa #3 Decisão de Deslocalização

A empresa XPTO produz, na Maia, um bem homogéneo (isto é, um bem em que os consumidores não distinguem entre diferentes marcas), que, comercializa num mercado global, fortemente competitivo, ao preço unitário de EUR 10. O custo unitário de produção, englobando todos os custos incluindo o de capital, é também de EUR 10. Depois de estudar as várias alternativas possíveis, a empresa concluiu que, deslocando a produção para Marrocos, conseguiria minimizar o custo de produção, produzindo com um custo unitário de EUR 7, já incorporando todos os custos de deslocalização, incluindo as indemnizações de despedimento de 500 trabalhadores.

a) Que interesses e respetivos *stakeholders* entram em conflito numa situação como esta?

b) A empresa deve deslocalizar ou não a produção?

Ainda no plano académico, a adoção de estruturas de governo que consagrem a atribuição de poderes de controlo a outros *stakeholders* que não os acionistas também encontra os seus críticos. Tirole (2001) chama a atenção que a atribuição de tais direitos poderia provocar um desencorajamento dos investidores, particularmente dos acionistas. A retenção dos direitos de controlo na mão dos acionistas é tida como essencial para que estes tenham a perspetiva de recuperação do capital investido. Além disso, para o mesmo autor, uma estrutura de governo com a presença de múltiplos *stakeholders* é suscetível de causar ineficiências, dado que os diferentes grupos de interessados poderão não estar de acordo na definição das principais políticas da empresa.

Uma solução possível para assegurar a representação dos trabalhadores (ou outros *stakeholders*) nos órgãos societários seria a via contratual. De facto, como nota Tirole (2006), os acionistas e os trabalhadores poderiam acordar contratualmente a representação destes no órgão de governo. Não há, no entanto, registo deste tipo de prática. Tem sido necessária a intervenção do legislador para que essa representação ocorra.

Em última instância, é ao legislador que compete definir as bases em que assenta o governo das empresas, sendo que neste campo não há soluções únicas ou definitivas, como bem nota a este propósito Tricker (2012, p. 71): «*Every theory of corporate governance needs to be founded on a view on the legitimate relationship between the individual and society. Where does the desirable balance lie between the rights, responsibilities, and powers of the individual, the enterprise, and the state? Opinion vary significantly by culture, political context, and social system*».[30]

Neste contexto, é paradigmático o modelo de *codeterminação* alemão, de acordo com o qual o controlo da vida societária é partilhado entre os acionistas e os trabalhadores.[31] Na Alemanha, a Lei da Codeterminação de 1976 exige que o conselho geral e de supervisão de empresas com mais de 2000 trabalhadores seja composto em igual número por representantes dos trabalhadores e por representantes dos acionistas, com o presidente que é representante dos acionistas a ter voto de qualidade em caso de empate. Esta estrutura internaliza a expressão da vontade dos trabalhadores e permite dar expressão e satisfação aos seus interesses (ver, entre outros, Charkham, 1995; Prigge, 1998; e McGaughey, 2016).

[30] A este propósito, Sundaram & Inkpen (2004) sustentam que o enquadramento jurídico norte-americano relativo aos objetivos com que as empresas devem ser geridas e governadas tem evoluído ao longo do tempo. Para estes autores, na primeira parte do século XIX, o enquadramento era predominantemente focado nos interesses dos diferentes *stakeholders*, passando depois a ser focado na maximização dos lucros dos acionistas. Para esta viragem, é visto como decisivo o caso Dodge vs. Ford Motor Company de 1919 (*vide* Caixa #1). Porém, após o *crash* de 1929, os desenvolvimentos legislativos das quatro décadas subsequentes foram de natureza predominantemente favorável à teoria dos *stakeholders*. Nas últimas décadas do século XX, voltaria a dominar uma orientação mais consentânea com a maximização do valor.

[31] O modelo de codeterminação (isto, de partilha entre os trabalhadores e os acionistas do poder de eleição dos titulares dos órgãos de governo das empresas) não é prática exclusiva da Alemanha. McGaughey (2016) sustenta, com efeito, que apenas em oito países da União Europeia não há alguma forma de codeterminação. Todavia, de acordo com o mesmo autor, em nenhum outro país se regista a (quase) paridade de representação que se verifica na Alemanha. O site http://www.worker-participation.eu/ reúne informação sobre a legislação e outros elementos relevantes relativos à participação dos trabalhadores nos órgãos de governo das empresas.

Neste país definiu-se, pois, que os interesses dos trabalhadores e os dos acionistas devem ser privilegiados, e que devem ser verbalizados e defendidos pelos respetivos representantes no seio do conselho geral e de supervisão. É conhecido igualmente que na Alemanha é muito frequente os bancos terem participações acionistas qualificadas nas grandes empresas do país, além de que, por um sistema de procurações («*proxy votes*»), controlam o exercício do direito de voto dos seus clientes, facto que lhes permite fazer-se eleger (na quota dos acionistas, evidentemente) para o conselho geral e de supervisão.[32] Assim, por esta via, na Alemanha, muito frequentemente o conselho geral e de supervisão das grandes empresas cotadas é composto por acionistas, por acionistas (ou procuradores de acionistas) que igualmente são credores (bancos) e por representantes dos trabalhadores.

Num *draft* da quinta diretiva do direito das sociedades, a Comissão Europeia propôs, em 1972, que se adotasse em toda a Europa o modelo dualista, com representação dos trabalhadores no conselho geral e de supervisão, mas a ideia foi abandonada. No Reino Unido, o *The Report of the Committee of Inquiry on Industrial Democracy* (também conhecido por «*The Bullock Committee*») propôs em 1977 que se mantivesse o sistema de *board* unitário, mas integrando representantes dos trabalhadores (Youngman, 1978). A ideia também foi rejeitada.[33]

Em Portugal, o Código das Sociedades Comerciais (CSC), no artigo 64.º, n.º 1, alínea b), estipula que os gestores devem observar «Deveres de lealdade, no interesse da sociedade, atendendo aos interesses de longo prazo dos sócios e ponderando os interesses dos outros sujeitos relevantes para a sustentabilidade da sociedade, tais como os seus trabalhadores, clientes

[32] Note-se, por exemplo, que, em grande medida, por força das procurações que lhe estavam atribuídas pelos seus clientes, um dos principais bancos alemães (Deutsche Bank) detinha (em 1992) 32,1% dos seus próprios direitos de voto e 14,1% dos direitos de voto de um dos seus principais concorrentes (Dresdner Bank), numa altura (1995–1997) em que os acionistas presentes em assembleias-gerais do primeiro, em média, detinham apenas 47,4% dos direitos de voto (Prigge, 1998).

[33] Não obstante isso, de acordo com Stapledon (1996), a legislação do Reino Unido evoluiu subsequentemente no sentido de os interesses dos trabalhadores igualmente deverem ser tidos em consideração pelos gestores.

e credores.». O legislador nacional instituiu, pois, deveres de lealdade consentâneos com a perspetiva da teoria dos *stakeholders*, ao contrário da perspetiva predominante entre os países da OCDE, em que esses deveres de lealdade se colocam perante os acionistas (Shleifer & Vishny, 1997).

Não tendo o legislador nacional estipulado mecanismos de governo específicos que permitam a verbalização e a defesa dos interesses dos diferentes *stakeholders*, significa que compete ao órgão de governo a interpretação do interesse de cada um, bem como decidir que interesses privilegiar e preterir em cada caso concreto. Esta circunstância atribui ao órgão de administração poderes discricionários e dificulta a sua avaliação (Jensen, 2001). Por isso mesmo, alguns julgam que teria sido recomendável que fossem os acionistas (e não os administradores) a definir políticas de responsabilidade social e de desenvolvimento sustentável que se constituíssem como restrições à maximização do valor das empresas (Alves, 2007).[34]

1.5 A teoria da maximização do valor esclarecida e questões remanescentes

1.5.1 A teoria da maximização do valor esclarecida

Em 2001, Michael Jensen propôs aquilo a que chamou uma Maximização do Valor Esclarecida (*Enlightened Value Maximization*) ou, identicamente, uma Teoria Esclarecida das Partes Interessadas (*Enlightened Stakeholder Theory*).

Neste artigo (Jensen, 2001), o autor começa por sustentar que, como já referido no ponto 1.3.1, o espaço de divergência entre a perspetiva da maximização do valor e a teoria dos *stakeholders* é menor do que aquele que numa análise simplista se poderia esperar, na medida em que a empresa

[34] Também uma proposta de Código de Bom Governo do IPCG, elaborada em 2010, recomendava que as sociedades tivessem uma política de responsabilidade social e uma política de desenvolvimento sustentável que se coadunem com os seus objetivos e estratégias, devendo ambas ser enunciadas de forma detalhada e submetidas à aprovação da assembleia-geral no início de cada mandato e sempre que fossem objeto de alterações relevantes.

não pode maximizar duradouramente os seus lucros atentando contra os interesses das demais partes interessadas. O autor conclui que a maximização dos lucros é sempre compatível com a maximização do bem-estar social, desde que o produtor não seja monopolista e não existam externalidades negativas.[35] Apenas quando o produtor é monopolista ou a totalidade dos custos que decorrem da sua atividade não são refletidos na sua função custo se regista incompatibilidade entre a maximização dos lucros (e do valor) e a maximização do bem-estar social.

O autor defende que «*Maximizing the total market value of the firm – that is the sum of the market values of the equity, debt, and any other contingent claims outstanding on the firm – is one objective function that will resolve the tradeoff problem among multiple constituencies*» (Jensen, 2001, p. 302). Por outras palavras, para Jensen (2001), se, em vez da maximização do capital próprio for maximizado o valor total da empresa, e se a empresa não for monopolista e não impuser externalidades negativas a outros agentes económicos, não há incompatibilidade entre a maximização do valor total da empresa (no interesse dos acionistas e dos demais financiadores) e a maximização do bem-estar social, no interesse de todos os demais *stakeholders*. Nesta ótica, valor social é criado se os produtos são valorizados pelos consumidores acima do valor dos seus *inputs*. O valor das empresas, por sua vez, é simplesmente o valor atual do valor de mercado (a longo prazo) da diferença entre o preço a que os consumidores valorizam os produtos e o custo de produção.

Dito de outra forma, não há nenhuma incompatibilidade entre a maximização do valor da empresa e a maximização do bem-estar social, desde que aquela assuma todos os custos da sua atividade (isto é, não provoque externalidades negativas), desde que exista concorrência (de modo que os excedentes dos consumidores sejam maximizados) e desde que o objetivo da gestão seja a maximização do valor da empresa em vez da maximização do valor do capital próprio. É esta, em síntese, a referida teoria da Maximização do Valor Esclarecida. Esta perspetiva, de acordo com o autor,

[35] As externalidades negativas existem quando a empresa não assume na totalidade as consequências das suas decisões, impondo o sacrifício de bem-estar de terceiros. A poluição do ar e da água são exemplos clássicos deste tipo de situações (ver, entre outros, Brickley et al., 2004).

permitira que as empresas tivessem uma única função objetivo – com todas as vantagens daí decorrentes –, e esta seria socialmente aceitável.

O autor sustenta ainda que, num ambiente concorrencial, forças exteriores à empresa – seja no mercado de bens e serviços seja nos mercados financeiros – forçá-la-ão a ter um comportamento eficiente (isto é, maximizador da criação do valor) e que as empresas que adotem a teoria dos *stakeholders* «*will be handicapped in the competition for survival because, as a basis for action, stakeholder theory politicises the corporation, and it leaves its managers empowered to exercise their own preferences in spending the firm's resources*» (Jensen, 2001, p. 300).

Em termos de soluções para o problema da incompatibilidade da maximização do valor e do bem-estar social, no que respeita às externalidades, Jensen (2001) nota que o teorema de Coase (1960) mostra que as externalidades só podem persistir se não forem atribuídos a nenhum agente económico privado direitos de decisão alienáveis.[36] Se tal acontecer, as externalidades serão eliminadas, na medida em que a empresa terá de internalizar o custo de poluir. Assim, por exemplo, se os vizinhos da empresa tiverem o direito legal de impedir que esta polua, a empresa terá de transacionar com estes o direito de poluir. Quanto ao monopólio, embora Jensen (2001) não o refira, a regulação económica poderá, em geral, impor como preço máximo o custo marginal de produção, proporcionando um excedente do consumidor (e um bem-estar social) idêntico ao que resultaria da concorrência perfeita. É sabido, porém, que tal imposição regulatória (conhecida como «*first best*») só é possível se não existirem monopólios naturais com economias de escala suficientemente longas que não permitam a obtenção de lucro nulos. Doutra forma, a solução regulatória corresponde a impor preço igual ao custo total médio (conhecida como «*second best*» ou preço de «Ramsey»), dado que não é possível obter por imposição regulatória uma solução de preço igual a custo marginal.[37]

36 O teorema de Coase mostra que a alocação de recursos será eficiente, independentemente da identidade do titular inicial dos direitos, desde que os custos de transação sejam baixos e os direitos sejam claramente atribuídos, protegidos e possam ser transacionados rapidamente. *Vide* Coase (1960) ou, entre outros, Brickley et al. (2004).

37 Sobre teoria da regulação ver, entre outros, Church & Ware (2000).

Donde, em suma, com regulação, regulamentação e fiscalização eficientes, quer no domínio da concorrência, quer no domínio ambiental, quer em outros de que pudessem resultar externalidades, não seria necessário prescindir da maximização do valor enquanto fim último com que as empresas devem ser geridas e governadas.

1.5.2 Discussão e questões remanescentes

Jensen (2001) sustenta, como referido, que as empresas que adotem a teoria dos *stakeholders* terão um *handicap* concorrencial e mais dificuldades em sobreviver no mercado. Todavia, alguma literatura apresenta evidência de que, em alguns mercados, há empresas do tipo *stakeholder* (isto é, empresas que não visam a maximização dos lucros, mas a satisfação dos interesses de alguns ou de vários *stakeholders*) que conseguem competir duradouramente com empresas do tipo *shareholder* (isto é, empresas que visam maximizar os lucros para satisfação do interesse dos seus acionistas). É esse o caso do mercado bancário europeu onde, desde há muito tempo, concorrem entre si bancos comerciais detidos por privados, e muitos deles cotados em bolsa, com bancos cooperativos, mutualistas, bancos de poupança e instituições de crédito detidas pelo Estado que supostamente não visam (ou, pelo menos, não visam exclusivamente ou primordialmente) maximizar os lucros. No ponto 1.6, apresentar-se-á, sinteticamente, o mercado bancário europeu nesta perspetiva da coexistência de empresas maximizadoras do valor e de empresas com outros objetivos. Por agora, importa aprofundar um pouco mais a questão do *handicap* competitivo, em ambiente concorrencial, no plano teórico.

Na realidade, como nota Tirole (2001, p. 4): «*There is unfortunately little formal analysis of the economics of the stakeholder society*». Na Parte III deste documento, procura-se dar um pequeno contributo nesse sentido.

a) Eventual *handicap* competitivo em mercado de concorrência perfeita

Admita-se um mercado de concorrência perfeita, com produto homogéneo, onde existem *n* operadores, um deles do tipo *stakeholder* e os demais do tipo *shareholder*. Poderá aquele privilegiar os interesses de outros *stakeholders* que não os acionistas e manter-se no mercado?

Sendo o produto homogéneo, não poderá beneficiar os seus clientes. Na realidade, se praticar preço mais baixo que os seus concorrentes, expulsá-los-á do mercado e tornar-se-á monopolista (hipótese que não está aqui em equação). Também não poderá aumentar a qualidade do produto, altura em que este deixará de ser homogéneo (e, uma vez mais, deixar-se-ia de estar num quadro de concorrência perfeita).

Poderá tal produtor ter custos variáveis mais elevados que os demais, pagando mais do que o preço de mercado por certos *inputs*? Será possível se o produtor remunerar menos que o mercado outros fatores produtivos. Isso pode acontecer, por exemplo, se os detentores do capital próprio aceitarem uma remuneração mais baixa do que o custo de oportunidade (isto é, do que a remuneração que obteriam investindo em qualquer outra das *n-1* empresas existentes neste mercado). Atente-se, com efeito, no seguinte exemplo:

O preço de mercado é 8, os custos variáveis de cada uma das *n-1* empresas *shareholder* é 6, cada empresa produz 100 unidades, o investimento é de 2000 e o custo de capital (amortização e remuneração do capital investido) é de 10%. Não existem custos fixos além do investimento. Uma empresa destas teria lucro normal. Com efeito:

$$\text{Lucro} = (8\text{-}6) \times 100 - 2000 \times 10\% = 0.$$

Imagine-se agora que para a empresa do tipo *stakeholder* o custo de capital exigido é de somente 5%. Nessa altura, a empresa pode suportar custos variáveis de 7 que ainda assim obtém lucro nulo. Na realidade:

$$\text{Lucro} = (8\text{-}7) \times 100 - 2000 \times 5\% = 0.$$

Assim, a empresa pode manter-se no mercado em longo prazo, privilegiando alguns dos seus *stakeholders*,[38] desde que proporcione menor rentabilidade aos detentores do seu capital próprio ou adquira quaisquer outros fatores a um preço inferior ao preço de mercado.[39]

Todavia, isso exige que os detentores do capital próprio aceitem uma menor remuneração. Será tal possível?

Em algumas situações afigura-se possível. Assim acontece quando os detentores do capital próprio também acumulam outras qualidades como *stakeholders*.[40] Por exemplo, nos bancos de natureza cooperativa frequentemente os detentores do capital igualmente são dirigentes, trabalhadores, depositantes ou tomadores de empréstimos. Assim acontece em muitas outras empresas de natureza cooperativa ou mutualista. Neste tipo de empresas, mesmo que os detentores do capital não acumulem outros interesses, em geral o capital não é transmissível em mercado secundário. Donde, uma vez constituídos na situação de membros, terão de aceitar uma remuneração de capital próprio mais baixa, mesmo que não o desejassem e não obtenham rendas por outra via.

A segunda situação em que tal se julga possível é quando os investidores no mercado de capitais aceitam uma remuneração mais baixa de empresas do tipo *stakeholder* do que aquela que exigem a empresas do tipo *shareholder*. Abundante literatura dá nota da existência deste tipo de investidores. É o caso dos chamados investimentos socialmente responsáveis (*socially responsible investment*), onde se incluem fundos de investimento em cujas

[38] Rey & Tirole (2007) sustentam que a viabilidade das cooperativas, o seu impacto e eficiência dependem do tipo de interesses que estas privilegiam. Estes autores sustentam, porém, que, ainda que viáveis, as cooperativas são concorrentes fracas quando comparadas com formas organizacionais alternativas.

[39] Evidentemente que igualmente é obtido lucro nulo se admitido custo variável unitário de 6, e for assumido que o montante investido pela empresa *stakeholder* é 4000. Assim aconteceria, por exemplo, se a empresa tivesse de recorrer a maior investimento para produzir com menor poluição.

[40] Kelsey & Milne (2008) mostram que, mesmo em monopólio, se o acionista igualmente for consumidor, preferirá um preço inferior ao que praticaria caso tal não aconteça. No limite, se o monopolista for o único consumidor, o preço a praticar pelo monopolista (ou seja, ele próprio) será idêntico ao de concorrência perfeita.

carteiras apenas entram valores mobiliários emitidos por empresas consideradas socialmente responsáveis.[41]

Tal pode acontecer, todavia, em muitas outras situações. Na realidade, como notam Bénabou & Tirole (2010, p. 15), *«prosocial behaviour by investors, consumers and workers is driven by a complex set of motives: intrinsic altruism, material incentives (defined by law and taxes) and social or self-esteem concerns»*. Assim, desde que estes fatores se conjuguem, nada impede que alguns operadores (do tipo *stakeholder oriented*) consigam obter fatores produtivos a preço inferior ao preço de mercado e tal lhes permita manter-se em mercado, ainda que com custos noutros fatores superiores ou níveis de eficiência inferiores aos dos seus concorrentes (do tipo *shareholder oriented*).

Este exemplo simples mostra, pois, que é possível empresas do tipo *stakeholder* manterem-se em mercado em longo prazo, mesmo que esse mercado seja de concorrência perfeita.

b) Rendas, quase-rendas e ofertas públicas de aquisição

Michael Jensen exclui expressamente da sua ponderação a possibilidade de alguns dos *stakeholders* estarem a obter rendas que se traduzam em custos sociais. O autor refere:

> In this simple situation a firm taking inputs out of the economy and putting its output of goods and services back into the economy increases aggregate welfare if the prices at which it sells the goods more than cover the costs it incurs in purchasing the inputs. Clearly the firm should expand its output as long as an additional dollar of resources taken out of the economy is valued by the consumers of the incremental product at more than a dollar. Note that the difference between these revenues and costs is profits. This is the reason (under the assumption that there are no externalities or monopolies) that profit maximization leads to an efficient social outcome».

E acrescenta:

[41] Para uma revisão da evolução do investimento socialmente responsável, ver, entre outros, Sparkes & Cowton (2004).

> Because the transactions are voluntary, we know that the owners of inputs value them at a level less than or equal to the price the firm pays or they wouldn't sell them. Therefore, as long as there are no negative externalities in the input factor markets, the opportunity cost to society of those inputs is no higher than the total cost to the firm of acquiring them. I say «no higher» because some suppliers of inputs to the firm are able to earn «rents» by obtaining prices higher than the value of the goods to them. But such rents do not represent social costs.
>
> (Jensen 2001, p. 303).

Note-se, porém, que na prática se encontram com relativa facilidade situações em que alguns dos *stakeholders* legal e legitimamente têm direito a rendas ou quase-rendas. É esse o caso, por exemplo, dos trabalhadores que, por estarem há muitos anos na empresa, por terem desenvolvido competências que apenas o seu atual empregador pode aproveitar em pleno, ou por qualquer outra razão, estão a auferir salários além daqueles que obteriam no mercado se abandonassem o seu posto de trabalho. O mesmo se diga de alguns dos fornecedores da empresa, particularmente daqueles que tenham tido necessidade de realizar investimentos específicos.[42]

Imagine-se, então, uma empresa que adota a perspetiva da Maximização do Valor Esclarecida. Considere-se que esta empresa é objeto de uma oferta pública de aquisição (OPA) lançada por um concorrente, em que é pago um prémio aos seus acionistas. Nesta circunstância, surge um conflito entre os interesses dos acionistas e os dos outros *stakeholders*, que nada tem que ver com monopólios ou externalidades. Os acionistas encaixarão o prémio vendendo as suas ações na OPA e os trabalhadores que venham a ser despedidos ou a baixar salários, bem como os fornecedores que venham a perder o cliente, perderão as suas quase-rendas.

Note-se que isso pode acontecer por a empresa adquirente dispor já de outros trabalhadores ou fornecedores tão ou mais eficientes que os da

[42] Note-se que a existência de agentes a obter rendas ou quase-rendas não é incompatível com a maximização do valor da empresa. Com efeito, esta pode ter tido a necessidade de contratualizar estas quase-rendas como forma de incentivar esses agentes a realizar investimentos específicos (por exemplo, a incentivar os seus trabalhadores a desenvolver conhecimentos que apenas poderão usar nessa empresa).

empresa adquirida. Perguntar-se-á: se a empresa visada é maximizadora do valor total, como é que pode um adquirente pagar um prémio para a sua aquisição? Várias razões podem concorrer para isso. Desde logo, os financiadores da adquirente podem ter um custo de capital mais baixo (por exemplo, se o seu *rating* for de mais elevada qualidade). Depois, a fusão pode criar sinergias ou ganhos de eficiência, que podem resultar, por exemplo, da eliminação das rendas e quase-rendas.

Parece, pois, que há outras fontes de potencial divergência de interesses entre os acionistas e outros *stakeholders*, quando as empresas tenham por objetivo maximizar o seu valor total, que não aquelas que decorram do poder do monopolista ou da possibilidade de impor externalidades negativas a terceiros.

c) Externalidades

As implicações da existência em simultâneo de externalidades e monopólio também não são abordadas por Jensen (2001). Kelsey & Milne (2006) mostram que, se o monopolista for afetado pelas externalidades, tenderá a produzir menos do que as que seriam originadas com maximização de lucro. Assim, por exemplo, empresas detidas por investidores estrangeiros (ou, pelo menos, não residentes na área de impacto das externalidades) tenderão a preferir a maximização do lucro e, consequentemente, de produção de externalidades. Todavia, se aqueles forem afetados pelas externalidades, preferirão um nível de externalidades menor.

Kelsey & Milne (2006) mostram ainda que, se a empresa não for monopolista, produz menos externalidades negativas e mais externalidades positivas se não tiver por objetivo a maximização do lucro, mas antes se preocupar com a maximização da utilidade dos consumidores.

d) Mercados de concorrência imperfeita

Por fim, Jensen (2001) nada diz sobre mercados em que não exista nem concorrência perfeita nem monopólio. Esse é o caso dos mercados de oligopólio e de concorrência monopolística. Esses são, porventura, os mais frequentes na prática. Pelo menos no mercado bancário, frequentemente, a literatura aponta nesse sentido (*vide*, entre outros, Bikker & Haaf, 2002; Corvoisier & Gropp, 2002; Staikouras & Koutsomanoli-Fillipaki, 2006; Liu, Molyneux & Wilson, 2013).

Evidentemente que quando Jensen (2001) fala de monopólio, enquanto estrutura de mercado em que não é garantida a maximização do bem-estar social, quando assumido como objetivo da empresa a maximização do valor, deve-se considerar como igualmente abrangidas todas as estruturas de mercado em que exista poder de mercado dos produtores. A literatura tende a medir esse poder de mercado através do índice de Lerner, que é definido como sendo o rácio entre o excesso do preço face ao custo marginal e o preço. Esta é uma medida do poder de mercado do produtor dado que aumenta com a diferença entre o preço e o custo marginal. O índice de Lerner varia entre 0 (para concorrência perfeita, pois aí o preço é igual ao custo marginal) e 1 (monopólio e custo marginal nulo), todas a situações intermédias traduzem algum poder de mercado dos produtores.

Kelsey & Milne (2008) sustentam que, em mercados de concorrência imperfeita, a preferência por lucros levaria a preços mais altos, mas que tal implicaria perda de excedente do consumidor. Donde, a solução final dependerá do peso que os consumidores tenham na tomada de decisão.[43] Estes autores mostram ainda que este peso tem implicações nas interações estratégicas no mercado, de que pode resultar paradoxalmente que as empresas maximizadoras do lucro não tenham os lucros mais altos.

Acresce que o poder de mercado pode ser eliminado pelos reguladores.[44] Apenas quando tal não acontece pode ser usado em benefício dos acionistas ou de outras partes interessadas. Importa, por isso, estudar em que medida podem coexistir empresas (com algum poder de mercado) do tipo *shareholder* e *stakeholder* em estruturas que não de concorrência perfeita ou de monopólio, quais as implicações das decisões de umas para as outras, e perceber em que medida os interesses de alguns grupos podem

[43] Nas empresas de Kelsey & Milne (2008) a função objetivo é endogeneizada e a escolha final depende da importância relativa dos diferentes *stakeholders*.

[44] O modelo de Kelsey & Milne (2008) não incorpora qualquer tipo de regulação.

ser privilegiados face a outros, bem como as consequências das diferentes opções possíveis.

Atendendo à natureza híbrida do setor bancário europeu, e ao seu carácter fortemente regulado, este setor parece ser um espaço adequado para esse estudo. Na Parte III deste documento, é apresentado um modelo teórico de coexistência de bancos de base acionista e de bancos de base mutualista no mercado de concessão de empréstimos. Antes disso, porém, importa conhecer um pouco mais sobre o mercado bancário europeu e, em particular, sobre a coexistência de bancos de base acionista e bancos do tipo *stakeholder.*

Parte II
Coexistência de empresas maximizadoras do valor e empresas com outros objetivos: o caso do sistema bancário europeu

2.1 Bancos orientados para os acionistas e bancos orientados para os *stakeholders*

O sistema bancário europeu é caracterizado, desde há muito tempo, pela coexistência de diferentes tipos de bancos (Ayadi & Groen, 2016). Na realidade, o setor bancário europeu pode ser dividido em bancos do tipo Shareholder-value Banks (SHB) e bancos do tipo Stakeholder-value Banks (STB) (Llewellyn, 2005, 2006; Martín & Sevillano, 2011; Ferri et al, 2014; Ayadi, De Groen, Sassi, Mathlouthi, Rey & Aubry, 2016; Ayadi & Groen, 2016; Goddard, McKillop & Wilson, 2016; Martín-Oliver, Ruano & Salas-Fumas, 2017). Os primeiros caracterizam-se, primordialmente, por terem como objetivo a maximização do lucro, ao passo que os segundos prosseguem interesses de múltiplos *stakeholders* (designadamente, dos seus tomadores de crédito, depositantes, empregados e comunidade local) (Martín & Sevillano, 2011; Ayadi et al., 2016; Goddard et al., 2016). Os STB são também caracterizados como instituições financeiras cuja propriedade não é baseada em acionistas (como acontece nos SHB), mas no Estado ou num grupo social ou organização cujos membros partilham um interesse relacionado com a disponibilização de financiamento ou a promoção da poupança (Martín & Sevillano, 2011). Os SHB são, pois, bancos orientados para a criação de riqueza para os seus acionistas e existem primordialmente para maximizar o valor (ou a rentabilidade) do seu capital próprio. O objetivo dos STB pode ser caracterizado como a criação de valor para os *stakeholders* e não apenas para os detentores do capital próprio (Goddard et al., 2016). Os STB procuram obter um equilíbrio entre os interesses dos diferentes *stakeholders*, sendo a rentabilidade dos capitais próprios um desses interesses, mas não o objetivo exclusivo ou primordial (Llewellyn, 2006). Para estes bancos, a rentabilidade não é, pois, um fim, mas antes um requisito de sobrevivência e de continuação das suas atividades (Martín & Sevillano, 2011; Ayadi et al., 2016), bem como uma condição para o cumprimento, a longo prazo, da missão ou do mandato da organização (Martín & Sevillano, 2011). Na realidade, para defender os interesses das partes relacionadas, os STB necessitam de gerar rentabilidade com as operações bancárias, da mesma forma que necessitam de recorrer a esta via para captar capital próprio para reforçar (se necessário) a sua capitalização. Todavia, estes bancos colocam a ênfase da sua razão de existir nos valores do mutualismo e na solidariedade, no caso dos bancos cooperativos e de poupança, e no bem-estar social, no caso dos bancos detidos pelo Estado.

Os bancos comerciais tipicamente têm como objetivo primeiro e primordial a obtenção do lucro (Goddard et al., 2016).[45] São, por isso, usualmente, caracterizados como SHB (Llewellyn, 2005, 2006; Martín & Sevillano, 2011; Ferri et al, 2014; Ayadi et al., 2016; Goddard et al., 2016). Pelo contrário, os bancos mutualistas, que são instituições detidas pelos seus membros, são usualmente qualificados como STB (Llewellyn, 2005, 2006; Martín & Sevillano, 2011; Ferri et al, 2014; Ayadi et al., 2016; Goddard et al., 2016). O mesmo acontece com os bancos detidos pelo Estado, que não têm fins lucrativos, e antes visam a prossecução de outros objetivos (Ferri et al, 2014; Ayadi et al., 2016; Goddard et al., 2016).

[45] Para uma caracterização detalhada dos bancos comerciais, ver Goddard et al. (2016).

Numa análise do sistema bancário europeu, Goddard et al. (2016) incluem no grupo dos bancos mutualistas os bancos de poupança, as *building societies* e os bancos cooperativos, que, por sua vez, incluem como um subconjunto as *credit union*.

Os bancos de poupança são instituições sem fins lucrativos. Estes bancos tradicionalmente focavam-se na captação de poupanças e na sua mobilização, mas atualmente, em geral, proporcionam serviços de banca universal. Muitos prosseguem fins relacionados com o desenvolvimento económico e social da região onde se inserem (Ferri et al., 2014; Goddard et al., 2016), os quais frequentemente são proporcionar o acesso a serviços financeiros à população mais desfavorecida (Ayadi et al., 2016).[46] Estes bancos são vistos, historicamente, como bancos que beneficiam de apoio do Estado, por serem (em muitos casos) detidos[47], protegidos ou governados por uma instituição do setor público (Goddard et al., 2016), e frequentemente inserem-se em redes e são apoiados por instituições centrais (Ayadi et al., 2016).

As *building societies* são instituições que nasceram como cooperativas de crédito hipotecário, que visavam resolver, com base num princípio de ajuda mútua, o problema do financiamento da aquisição ou construção de casa própria dos seus membros, mas que, ao contrário de muitas outras, não se dissolveram quando todos os seus membros obtiveram habitação própria, e se foram tornando instituições permanentes. Em alguns países, como

[46] Martín & Sevillano (2011) sustentam que originalmente os bancos do tipo STB foram criados para facilitar o acesso a alguns serviços bancários de parte da população deles excluída. Todavia, à medida que os bancos comerciais começaram a expandir as suas atividades, o argumento do combate à exclusão financeira deixou de ser elemento característico e justificador da existência deste tipo de bancos (não obstante continue válido para alguns setores específicos ou regiões não suficientemente lucrativas para os bancos comerciais). Por outro lado, os STB expandiram, eles próprios, as suas atividades e serviços (parcialmente em consequência de um processo de desregulamentação), além do que seria justificável pelo objetivo de proporcionar inclusão financeira.

[47] Estes bancos podem ser exclusivamente detidos por privados, quer sejam seus membros, isto é, seus trabalhadores, depositantes ou outro tipo de aforradores, quer fundações. Todavia, muitos bancos de poupança são detidos direta ou indiretamente pelo Estado, ou por autoridades públicas locais ou regionais, ainda que em muitos países se tenha verificado um desvio no sentido da propriedade privada (Martín & Sevillano, 2011; Ayadi et al., 2016; Goddard et al., 2016).

na Alemanha e no Reino Unido, ainda subsistem algumas destas instituições (que, entretanto, expandiram as suas atividades para outros serviços financeiros de retalho). Todavia, em muitas outras jurisdições, à medida que os bancos comerciais começaram a oferecer crédito à habitação, estas instituições foram desmutualizadas, sendo convertidas ou incorporadas em bancos. Assim, a sua expressão nos países onde ainda subsistem e, por maioria de razão, no setor bancário europeu é atualmente muito reduzida (Martín & Sevillano, 2011; Goddard et al., 2016).

O mesmo não se diga dos bancos cooperativos, que em 2016 tinham uma quota de mercado média de 17,5% do crédito concedido nos mercados domésticos europeus (EACB, 2016).[48] Tipicamente, os bancos cooperativos oferecem serviços de banca de retalho a particulares e empresas, ainda que possam ter alguns limites na alocação de ativos (tais como a obrigação de aplicar uma percentagem mínima do ativo em determinadas atividades) (Martín & Sevillano, 2011).[49] As cooperativas são instituições autogovernadas, detidas pelos seus membros – pessoas singulares, tipicamente seus clientes – que são igualmente os titulares do capital próprio. Nestas organizações, cada membro dispõe de um voto («um membro, um voto»), seja qual for a percentagem do capital detido (Martín & Sevillano, 2011; Goddard et al., 2016) e essa é a sua principal característica distintiva (Ayadi et al., 2016). Os bancos cooperativos, tal como os bancos de poupança, são tipicamente bancos regionais, e usualmente integram-se em redes de bancos similares (Ayadi et al., 2016; Goddard et al., 2016).

As *credit union* são bancos cooperativos que têm como característica distintiva o facto de todos os seus clientes terem de ser seus membros, sendo que há um vínculo ou uma característica comum que os une (por exemplo, exercerem uma mesma profissão ou atividade) (Goddard et al., 2016). Estima-se que, na Europa, 3,4% da população seja membro de uma

[48] Em alguns países, a quota das redes cooperativas excede 20% do crédito concedido. É esse o caso da Áustria (33,7%), Chipre (26,0%), Finlândia (38,5%), França (61,4%), Alemanha (21,4%), Luxemburgo (22,0%) e Holanda (34,0%).

[49] Restrições na alocação de ativos são menos usuais nos bancos de poupança, e, quando existem, tendem a estar relacionadas com a área geográfica em que podem operar (Martín & Sevillano, 2011).

credit union, mas a taxa de penetração varia substancialmente, sendo nula em alguns países e atingindo valores relevantes ou substanciais em outros.[50]

Por fim, são igualmente considerados STB os bancos detidos total ou parcialmente pelo Estado (doravante, bancos públicos). Os bancos públicos não formam um grupo homogéneo, pelo que podem ser detidos pelo Estado total ou parcialmente bancos comerciais ou bancos de poupança. Todavia, apenas tendem a ser incluídos na categoria de bancos públicos e, consequentemente, de STB os bancos detidos pelo Estado que sejam instituições sem fins lucrativos e que prossigam outros fins. Estes podem ser o suporte a políticas de desenvolvimento ou objetivos de inclusão financeira. Por isso, Ayadi et al. (2016) excluem do conceito de bancos públicos os bancos comerciais, outrora detidos por privados, que foram nacionalizados durante a recente crise financeira. Para estes autores, os bancos nacionalizados estão preparados para ser bancos comerciais e para retornar à propriedade privada se não forem, entretanto, liquidados. Donde, não obstante a propriedade (temporária) do Estado, estes bancos são intrinsecamente SHB.

Não obstante todas as diferenças enunciadas, importa notar que os STH são, antes de mais, bancos, pelo que competem nos mesmos mercados[51] (particularmente na banca de retalho) e estão sujeitos ao mesmo enquadramento regulatório que os SHB. De facto, é usualmente reconhecido que não existem diferenças regulatórias relevantes entre um e outro tipo de banco.[52]

Em suma, usando as palavras de (Martín & Sevillano, 2011, p. 122):

> Nowadays, the main difference between stakeholder based and commercial banks relies on the objectives pursued by their managers. Commercial bank managers care about maximizing the value of the ownership

[50] É este o caso da Irlanda e da Polónia, onde a taxa de penetração é de, respetivamente, 63,0% e 8,1% (Goddard et al., 2016).

[51] Nos primórdios da banca cooperativa, o acesso aos serviços prestados pelo banco era confinado aos seus membros. Todavia, com o evoluir dos tempos, essa regra foi abandonada, pelo que muitos dos seus clientes atuais não têm a qualidade de membros.

[52] Sendo essa uma realidade criticada por muitos, havendo o receio de que, com o aumento das exigências regulatórias pós-crise financeira de 2007, os STB possam vir a ser asfixiados (*vide*, entre outros, Ayadi et al., 2016).

participation for shareholders, optimizing the future path of dividends, buybacks and increases in the value of the share. Stakeholder-based banks managers' concerns are not as concentrated in the value of ownership participation, as they are also interested in fulfil the different targets included in their mandate.

2.2 Mecanismos disciplinadores dos *shareholder* e *stakeholder banks*

As diferenças entre os SHB e os STB não se esgotam, porém, nos objetivos prosseguidos. Da natureza da sua propriedade decorrem igualmente outras características distintivas relevantes. Ao *nível dos mecanismos internos de governo empresarial*, os acionistas são os donos finais e os primários tomadores do risco, e em geral delegam a gestão dos SHB em equipas profissionais lideradas por CEO. É, pois, usual (ou pelo menos mais fácil) estabelecer uma *separação entre o governo e a gestão* do banco, submetendo a equipa de gestão à supervisão e ao controlo dos membros não-executivos do conselho de administração ou dos membros de um conselho geral e de supervisão, consoante o modelo monista ou dualista adotado. No caso dos STB, nada impede a adoção de separação entre o governo e a gestão similares aos tipicamente adotados nos SHB (ou, pelo menos, nos cotados). Todavia, os STB mutualistas, tradicionalmente, dão poder aos seus *boards* compostos por associados, em vez de delegarem a gestão numa equipa profissional (Goddard et al., 2016). Também no caso dos bancos com a propriedade parcialmente pública o governo e a gestão frequentemente envolvem a participação de *stakeholders* tais como empregados, funcionários públicos e representantes políticos e sociais (Goddard et al., 2016). Esta é, aliás, uma forma de internalizar, como referido anteriormente, a resolução de conflitos entre os interesses dos diferentes *stakeholders* (Tirole, 2006).

No que respeita ao *alinhamento de interesses por via contratual*, no caso dos SHB (pelo menos dos cotados), a remuneração da gestão sénior é, em geral, ligada à criação de riqueza para os acionistas (via *stock options*, atribuição de ações ou outros mecanismos), e isso pode ajudar a alinhar os interesses dos proprietários e os dos gestores. No caso dos STB, assim como dos SHB não cotados, não é possível proceder ao alinhamento de interesses com base na evolução do valor de mercado do capital acionista. Porém, outras variáveis podem ser usadas de modo que a remuneração se baseie no desempenho. O problema decorre, porém, da dificuldade de mensuração desse desempenho num quadro de múltiplos objetivos. Como referido na Parte I, a multiplicidade de objetivos não apenas cria dilemas na hora de decidir, como origina confusão em matéria de aferição da performance (Jensen, 2001). A existência de múltiplos objetivos permite, com efeito, que o mau desempenho em muitos deles seja justificado com o resultado alcançado em outros. Além disso, o seu carácter ambíguo faz com que a avaliação de desempenho destas empresas não seja imune a ruído. Por sua vez, como igualmente anteriormente referido, a eficácia dos mecanismos contratuais de incentivo depende da imunidade da medida de performance a ruído. Donde, torna-se muito mais difícil criar mecanismos eficientes de alinhamento de interesses entre agentes e principais no caso dos STB do que no caso dos SHB.

Acresce que igualmente ao nível dos *incentivos implícitos*, estes são teoricamente mais eficazes nos SHB do que nos STB mutualistas, por força da distribuição de dividendos e da negociabilidade dos direitos de propriedade. Na realidade, podemos ter propriedade privada quer no caso de SHB quer no caso de STB. Porém, no caso dos STB mutualistas, os incentivos usualmente atribuídos à detenção da propriedade não operam. Com efeito, os membros dos bancos mutualistas não podem, em geral, vender as suas ações, dado que os direitos de propriedade não são transferíveis. Estes membros não têm qualquer direito a reclamar lucros ou acumulação de capital do banco. Os lucros acumulados são detidos pela organização mutualista e são usados para reinvestir no negócio. Os benefícios colhidos são materializados em investimentos sociais, ou são usados em benefício de alguns dos *stakeholders*, como, por exemplo, na melhoria das condições de trabalho ou das condições de depósitos ou empréstimos (Martín & Sevillano, 2011). Donde, o incentivo decorrente da posição acionista dos *insiders*, sejam estes gestores ou não-executivos, é substancialmente inferior ao que decorre das posições acionistas dos gestores e dos não-executivos dos SHB.

Concomitantemente, também ao nível da estrutura de propriedade e do ativismo acionista são notórias diferenças entre os SHB e os STB.

Nos bancos SHB, a propriedade é privada, como referido, e os direitos de voto pertencem aos detentores do capital próprio. São, pois, os acionistas quem pode deliberar, e o poder de decisão de cada acionista depende do número de ações com direito a voto que detenha. No caso dos bancos cooperativos, o montante de capital próprio detido por cada membro é modesto e, em regra, igual para todos. O direito de voto depende exclusivamente do estatuto de membro. Nestes bancos vigora, assim, o princípio «um membro, um voto». Em regra, a quota detida no banco cooperativo não é facilmente resgatável, nem é viável a sua transmissão em mercado secundário.[53] Os bancos cooperativos estão, pois, imunes a núcleos acionistas de controlo. A situação dos bancos de poupança e dos bancos detidos pelo Estado não é substancialmente distinta, estando estes igualmente afastados do *mecanismo disciplinador do mercado de controlo de empresas* (*market for corporate control*), ainda que, em qualquer dos casos, possam não estar totalmente afastados dos mecanismos de escrutínio do mercado de capitais (por exemplo, dos analistas financeiros e das agências de *rating*) se forem emitentes de valores mobiliários representativos de dívida ou outros.[54]

No caso dos STB de propriedade pública, estes são geridos por tecnocratas que não possuem direitos de *cash-flow* significativos (Shleifer & Vishny, 1997). Acresce que as empresas públicas têm uma dupla relação de agência. Os seus principais são os cidadãos ou contribuintes. Os agentes são os seus gestores. Porém, a relação entre os contribuintes e os gestores opera por meio de políticos que exercem os poderes acionistas. Trata-se de agentes (políticos) a escolher, nomear e controlar outros agentes (os gestores). A teoria das escolhas públicas deixa claro que nenhum mecanismo garante, espontaneamente, que as decisões dos políticos sejam maximizadoras dos interesses dos principais. Da mesma forma que a teoria da agência igualmente torna patente que o mesmo acontece na relação entre os políticos e

[53] Davis (2001) e Fonteyne (2007), entre outros, sublinham que cabe aos gestores de um banco cooperativo assegurar a custódia de um ativo intergeracional, sendo que os atuais membros de um banco cooperativo são titulares (temporários) de uma «herança» de excedentes acumulados, legada por antigos membros.

[54] Em Portugal, o banco Caixa Económica Montepio Geral foi admitido à cotação em bolsa através da cotação de unidades de participação representativas do seu capital estatutário.

os gestores que estes escolhem. As empresas públicas podem, pois, sujeitar-se a uma dupla camada de custos de agência (*vide*, com efeito, Fontes-Filho & Alves, 2018).[55]

2.3 Especificidade e conflitos de interesses entre diferentes *stakeholders* dos bancos

Os bancos distinguem-se das demais empresas por várias razões. Entre estas, com proeminência, surge o facto de terem uma estrutura de capitais mais alavancada do que é típico nos outros setores de atividade. Igualmente importante é o facto de os bancos se financiarem primordialmente com a captação de depósitos, que podem ser mobilizados de imediato ou num prazo curto de tempo, e o seu ativo ser primordialmente composto por empréstimos e outro património que tem uma maturidade longa.

Esta característica, aliada à existência de mecanismos de garantia de depósitos, cria problemas de governo específicos para os bancos, e exacerba os conflitos de interesses entre os seus diferentes *stakeholders* (Macey & O'Hara, 2003). Na realidade, o alto grau de alavancagem cria incentivos acrescidos para os acionistas tomarem risco, aumentando o conflito entre os interesses dos acionistas e os de todos quantos não beneficiam dos direitos residuais (designadamente os depositantes). Além disso, a existência de mecanismos de garantia de depósitos retira o incentivo para que todos os que dele beneficiam exerçam algum tipo de monitoramento sobre os bancos. Em contrapartida, os outros bancos contribuintes para o sistema de garantia de depósitos, os reguladores e os poderes públicos (que, em muitas circunstâncias, assumem a responsabilidade última pelo sistema de garantia) são supostos exercer uma ação disciplinadora que está ausente das demais empresas. Para Macey & O'Hara (2003), a existência de um

[55] O duplo agenciamento não é um exclusivo das empresas públicas. Muitas empresas privadas têm como acionistas investidores institucionais que gerem poupanças fiduciárias. Os clientes destes investidores, e não eles próprios, são os verdadeiros principais. Todavia, o relacionamento com a empresa participada é feito através dos investidores institucionais.

mecanismo de garantia de depósitos igualmente aumenta o risco de fraude, por reduzir o incentivo de monitoramento.

Por isso, conflitos de interesses entre diferentes *stakeholders* existem em todas as empresas, mas têm uma natureza muito pronunciada e específica nos bancos. Aqui é claro que os interesses dos acionistas e os dos depositantes podem entrar em conflito. É igualmente claro que os interesses dos clientes tomadores de empréstimos, os dos acionistas e os dos depositantes igualmente podem entrar em conflito. Na realidade, uma vez obtido o empréstimo, o devedor pode incorrer em risco excessivo, facto de que não beneficia o banco por isso não aumentar a taxa de juro a receber, mas aumentar o risco de o empréstimo se vir a transformar em crédito malparado. Igualmente são claros os conflitos que podem surgir entre os trabalhadores e os acionistas ou os tomadores de empréstimos, sempre que estes assumam riscos que coloquem em causa a estabilidade do emprego. Donde, torna-se importante perceber como é que bancos, especialmente os do tipo STB, resolvem estes conflitos, bem como as consequências da opção por uma ou outra via. Este problema é especialmente interessante, dada a importância dos bancos cooperativos na Europa e o facto de nestes vigorar o princípio «um membro, um voto». Estes membros são igualmente clientes, mas há clientes que não são membros. Além disso, sendo clientes, poderão estar primordialmente do lado direito ou do lado esquerdo do balanço do banco. Isto é, poderão ser predominantemente tomadores de empréstimos ou predominantemente depositantes. Assim, por exemplo, se estiverem do lado esquerdo, a sua preferência será por taxas ativas mais baixas, enquanto se estiverem do lado direito do balanço privilegiarão quer taxas passivas mais altas quer a estabilidade e a segurança do banco.

Atendendo à interação estratégica entre os diferentes competidores no mercado bancário, a preferência por uns ou outros interesses no seio dos STB não deixará de ter consequências que igualmente afetarão os *stakeholders* dos SHB. O modelo que se segue é um modesto contributo para perceber essas consequências.

Parte III
Um modelo simples de fixação de taxas ativas num mercado bancário com bancos do tipo acionista e do tipo *stakeholder*

3.1 Apresentação do modelo

O modelo teórico de coexistência de bancos de base acionista e de bancos de base mutualista, cooperativa ou estatal no mercado de concessão de empréstimos que em seguida se propõe parte do modelo oligopolista de Corvoisier & Gropp (2002), e é consistente com a abordagem à organização do mercado bancário desenvolvida por Freixas & Rochet (2008)[56], na sequência de modelos pioneiros de comportamento das instituições bancárias propostos inicialmente por Klein (1971) e Monti (1972), e mais tarde por Dermine (1984), Hannan (1991) e Hannan & Liang (1993).

Tal como em Corvoisier & Gropp (2002), assume-se que os bancos têm capacidade de determinação do preço no mercado de empréstimos (isto é, são *price setters* das taxas ativas), mas não têm capacidade para determinar a taxa de remuneração dos depósitos (isto é, são *price takers* das taxas

[56] A primeira edição desta obra é de 1997.

passivas).[57] Tal como em, entre outros, Corvoisier & Gropp (2002) e Hugonnier & Morellec (2017), cada banco captará os depósitos estritamente necessários para o crédito que decidir conceder. Além disso, igualmente se assume (por razões de simplificação) que os bancos se financiam integralmente com a emissão de um único tipo de passivo (depósitos) e como operações ativas oferecem apenas empréstimos. Finalmente, considera-se uma função de custos operacionais similar à usada por Freixas & Rochet (2008).

Todavia, ao contrário de Corvoisier & Gropp (2002), que pressupõem a existência de um único tipo de bancos, todos tendo como objetivo a maximização do lucro, aqui considera-se que parte dos bancos é de base acionista, isto é, do tipo Shareholder Bank (SHB), e uma outra parte é de base mutualista, isto é, do tipo Stakeholder Bank (STB). Por outras palavras, uma parte dos bancos visa maximizar o lucro e uma outra parte toma decisões consentâneas com a proteção de outros interesses. Como ponto de partida, admitir-se-á que estes bancos se preocupam com a maximização do bem-estar social, o que implica que visem apenas o lucro normal.[58-59]

[57] A simplificação operada permite que apenas haja necessidade de tomar decisões no mercado de crédito. A conceção de modelos em que apenas há necessidade de tomar decisões de preço no mercado de crédito ou no mercado de depósitos é frequente na literatura. *Vide*, entre outros, Corvoisier & Gropp (2002) e Canhoto (2004). Todavia, este pressuposto igualmente corresponde a assumir que tais taxas são determinadas pela política monetária e pelo mercado interbancário, não havendo espaço relevante para que os bancos concorram entre si neste domínio. Sem prejuízo do referido, adiante estudar-se-ão igualmente as implicações decorrentes da prática de taxas passivas distintas pelos bancos SHB e STB.

[58] A teoria dos *Stakeholders* não proporciona, como referido anteriormente, uma função objetivo para a gestão, limitando-se a enunciar que os gestores devem tomar em consideração os interesses de todos aqueles que se relacionam com a empresa. Jensen (2001) considera que a tomada em consideração desses interesses implica a maximização do bem-estar social. Em consonância com esta perspetiva, assume-se neste modelo que os STB adotam decisões consentâneas com a maximização do bem-estar social (tanto quanto está ao seu alcance fazê-lo), fazendo escolhas que conduzam somente à obtenção de um lucro normal, em vez de visarem obter lucros supranormais. Na realidade, sendo o banco *price taker* no mercado de fatores produtivos, a solução maximizadora do bem-estar social é aquela que decorre da maximização do excedente dos consumidores (neste caso, os tomadores de empréstimos) e do excedente do produtor (ou seja, da diferença entre o preço recebido e o custo médio). A literatura microeconómica ensina que a solução de longo prazo de concorrência perfeita (lucro normal e preço igual a custo marginal) é maximizadora do bem-estar social (isto é,

Os SHB são bancos maximizadores do lucro e comportam-se, tal como nos modelos de Corvoisier & Gropp (2002) e de Freixas & Rochet (2008, p. 79 e sgs.), como agentes de Cournot, pelo que cada banco toma as taxas de juro ativas dos demais como um dado e espera que estes não reajam às suas decisões.[60]

Neste modelo, tal como em Corvoisier & Gropp (2002), a procura de empréstimos de cada banco é dada pela função que se segue:

$$L_k = \frac{B_0}{n} - \frac{B_1}{n-1}\sum_{j \neq k}^{n}\left(r_k - r_j\right) - \frac{rB_2}{n}, \qquad [1]$$

em que: L_k = procura de empréstimos do banco k; n = número de bancos; r_k = taxa de juro ativa do banco k ($0 \leq r_k < 1$); r_j = taxa de juro ativa do banco j ($0 \leq r_j < 1$); r = média das taxas de juro ativas dos n bancos; B_0 = procura agregada (máxima) de empréstimos; B_1 = coeficiente que mede a redução (o aumento) da procura de empréstimos junto do banco k, quando a taxa ativa do banco k excede a (é inferior à) de algum dos seus concorrentes; B_2 = coeficiente que mede a variação da procura total de empréstimos face à variação da taxa de juro ativa média.[61] B_0, B_1 e B_2 são coeficientes que apenas assumem valores positivos, sendo $B_0/n > B_1/(n-1) > B_2/n$.[62]

maximizadora da soma do excedente do consumidor com o excedente do produtor). A literatura igualmente ensina que essa solução é eficiente no sentido de Pareto, por não ser possível melhorar a situação de qualquer agente económico, sem prejudicar a situação de qualquer outro *stakeholder* (*vide*, entre outros, Varian, 1992).

59 Admite-se, para simplificar o modelo, que os detentores do capital e os clientes dos bancos são pessoas distintas, quer no caso dos SHB quer no caso dos STB.

60 Este modelo não pressupõe, pois, que o mercado bancário é de concorrência perfeita, antes admitindo que (pelo menos) alguns bancos conseguem praticar taxas de juro ativas distintas das que se formariam em mercado puramente concorrencial. Este pressuposto é consentâneo com a extensa literatura que, como já referido, predominantemente proporciona evidência compatível com estruturas do mercado bancário do tipo oligopolista ou de concorrência monopolística (*vide*, entre outros, Bikker & Haaf, 2002; Corvoisier & Gropp, 2002; Staikouras & Koutsomanoli-Fillipaki, 2006; Liu et al., 2013).

61 Note-se que esta função implica diferenciação entre os bancos (não obstante a eventual homogeneidade do contrato de empréstimo). Isto é, mesmo que um banco pratique taxas nulas, não conseguirá atrair para si toda a procura de empréstimos. Essa diferenciação poderá decorrer, por exemplo, dos custos em que os clientes incorrem ao mudar de banco. Essa diferenciação poderá igualmente decorrer da existência de custos de deslocação dos clientes

A função lucro de cada banco é a seguinte:

$$\pi_k = (1 - \mu_k) r_k L_k - r_D D_k - \gamma_L L_k - \gamma_D D_k, \qquad [2]$$

em que além da notação já introduzida: π_k= lucro esperado do banco k (k = 1, 2, ..., n); μ_k= probabilidade esperada de incumprimento dos empréstimos (*default*) dos clientes do banco k; r_D representa a taxa passiva ($0 < R_D < 0$); D_k= depósitos bancários domiciliados no banco k; γ_L= custos operacionais das operações ativas por cada unidade monetária de crédito concedido ($0 < \gamma_L < 1$)[63]; γ_D= custos operacionais das operações passivas por cada unidade monetária de depósito captado ($0 < \gamma_D < 1$).[64-65]

Assume-se que os bancos estão sujeitos a constrangimentos regulatórios, que implicam a constituição de reservas numa proporção α_k dos seus depósitos ($0 < \alpha_k < 1$).[66] Como no modelo o crédito concedido e as reservas igualam o valor dos depósitos, pode escrever-se:

$$D_k = \frac{L_k}{(1-\alpha_k)}. \qquad [3]$$

mais distantes até esse banco, ou de qualquer outra razão que faça com que não obstante a diferença de taxas ativas ainda subsista procura para os demais bancos.

62 O facto de o rácio B_0/n ser superior aos outros dois justifica-se por B_0 representar a procura máxima de empréstimos, isto é, ser a procura global que se verifica caso todos os bancos pratiquem taxas nulas. Por sua vez, $B_1/(n-1) > B_2/n$ significa que a procura junto do banco k reage mais intensamente à subida das suas taxas face às dos concorrentes do que à subida da taxa de juro média.

63 O que inclui despesas de construção e manutenção dos balcões, custos de manutenção das máquinas ATM (Automated Teller Machines), os salários dos empregados e outras despesas administrativas imputáveis à atividade de concessão de crédito.

64 O que inclui igualmente despesas de construção e de manutenção dos balcões, custos de manutenção das máquinas ATM, os salários dos empregados e outras despesas administrativas imputáveis à atividade de captação dos depósitos. A estes acrescem os custos do mecanismo de garantia de depósitos.

65 Note-se que se assume que os bancos têm idênticos custos operacionais, o que implica acesso à mesma tecnologia e aos mesmos mercados de fatores produtivos.

66 Por razões de simplificação do modelo, assume-se que as reservas não são remuneradas.

Donde, substituindo [3] em [2] obtém-se:

$$\pi_k = (1 - \mu_k) r_k L_k - r_D \frac{L_k}{(1-\alpha_k)} - \gamma L_k, \qquad [4]$$

com

$$\gamma = \gamma_L + \frac{\gamma_D}{(1-\alpha_k)}. \qquad [5]$$

3.2 Taxas de juro ativas para *SHB* e para *STB* maximizadores do bem-estar social

(i) Taxa de juro ativa para os SHB

Os n_A bancos maximizadores do lucro (SHB), na medida em que enfrentam a mesma função procura[67], têm idênticas funções custo, o mesmo enquadramento regulatório[68] e assumem o mesmo objetivo, em equilíbrio praticarão a mesma taxa (r_A) e concederão o mesmo montante de crédito (L_A). O mesmo se diga quanto aos n_B (com $n = n_A + n_B$) bancos do tipo STB, os quais, por razões similares, igualmente praticarão entre si a mesma taxa de juro (r_B) e concederão o mesmo montante de crédito (L_B).

Assim, relativamente aos SHB, a equação [1] pode ser escrita como se segue:

$$L_A = \frac{B_0}{n} - \frac{B_1 n_B}{n-1}(r_A - r_B) - \frac{(r_A n_A + r_B n_B) B_2}{n^2}, \qquad [6]$$

ou:

$$L_A = b_0 - b_1 n_B (r_A - r_B) - \frac{(r_A n_A + r_B n_B) b_2}{n}, \qquad [7]$$

com $b_0 = \frac{B_0}{n}; b_1 = \frac{B_1}{n-1}; b_2 = \frac{B_2}{n}.$

67 O que implica que os seus clientes tenham a mesma probabilidade de falência.

68 O que implica que os bancos estejam sujeitos à mesma taxa de reservas.

Dado tratar-se de agentes de Cournot, derivando [7] em ordem a r_A, obtém-se:

$$\frac{\partial L_A}{\partial r_A} = -b_1 n_B - b_2 \frac{n_A}{n}. \qquad [8]$$

Aplicando agora a condição de primeira ordem de maximização à equação [4], chega-se a:

$$\frac{\partial \pi_A}{\partial r_A} = (1-\mu_A)L_A + (1-\mu_A)r_A \frac{\partial L_A}{\partial r_A} - \frac{r_D}{(1-\alpha_A)}\frac{\partial L_A}{\partial r_A} - \gamma \frac{\partial L_A}{\partial r_A} = 0. \qquad [9]$$

Substituindo [7] e [8] em [9], e rearranjando a expressão, a taxa de juro ativa para os SHB vem:[69]

$$r_A = \frac{b_0}{2b_1 n_B + 2b_2 \frac{n_A}{n}} + \frac{b_1 n_B - b_2 \frac{n_B}{n}}{2b_1 n_B + 2b_2 \frac{n_A}{n}} r_B + \frac{r_D}{2(1-\mu_A)(1-\alpha_A)} + \frac{\gamma}{2(1-\mu_A)}. \qquad [10]$$

A equação [10] mostra que, *ceteris paribus*, a taxa ativa dos SHB depende positivamente da procura agregada (b_0), será tanto maior quanto maior for o custo de financiamento através dos depósitos (r_D), quanto maior for a taxa ativa dos STB (r_B), quanto maiores forem os custos operacionais (γ).[70] De igual forma, este resultado mostra que r_A será tão menor quanto maior for a reação dos clientes ao seu aumento. Na realidade, o denominador das duas primeiras parcelas é igual a duas vezes o valor absoluto de $\frac{\partial L_A}{\partial r_A}$, pelo que, quanto maior a reação da procura ao aumento das taxas dos SHB, menor tende a ser r_A. Além disso, o limite de r_A quando n tende para infinito, é $\frac{r_B}{2} + \frac{r_D}{2(1-\mu_A)(1-\alpha_A)} + \frac{\gamma}{2(1-\mu_A)}$. O mesmo acontece quando b_1 tende para infinito. Esta expressão é igual a r_B se os dois tipos de bancos tiverem o mesmo enquadramento regulatório ($\alpha_A = \alpha_B$) e enfrentarem a mesma taxa de incumprimento ($\mu_A = \mu_B$).[71] Por outras palavras, à medida que a concor-

[69] Demonstração no Apêndice A.

[70] Estes resultados obtêm-se por simples derivação ou aplicação da regra de L'Hopital à equação [10]. As demonstrações encontram-se no Apêndice B.

[71] Adiante analisar-se-á expressamente a solução de equilíbrio admitindo que os dois tipos de bancos têm o mesmo enquadramento regulatório e enfrentam a mesma taxa de incumprimento, e nessa altura esta expressão será demonstrada.

rência e as suas consequências se intensificam as taxas dos SHB e dos STB aproximam-se entre si. No limite, se o poder de mercado dos operadores for nulo, os bancos SHB e STB praticarão as mesmas taxas. Este resultado dá, pois, sustentação à intuição de Jensen (2001), segundo a qual existindo concorrência (e enfrentando ambos o mesmo tipo de custos) não há diferença entre maximizar os lucros e maximizar o bem-estar social.[72] Além disso, ao minimizarem r_B, os STB beneficiam os clientes dos SHB (aumentando o respetivo excedente do consumidor), pois r_A é tão mais baixa quanto mais baixa for r_B. Na realidade, ao minimizarem r_B, os STB igualmente estão a provocar, via concorrencial, a redução de r_A.

(ii) Taxa de juro ativa para os STB

Os bancos do tipo STB têm como objetivo a maximização do bem-estar social, o que significa que visam apenas o lucro normal.[73] Assim, partindo da equação [4], pode escrever-se:

$$\pi_B = (1-\mu_B)r_B L_B - r_D \frac{L_B}{(1-\alpha_B)} - \gamma L_B = 0. \qquad [11]$$

Dividindo ambos os membros por L_B, e resolvendo em ordem a r_B, obtém-se:

$$r_B = \frac{r_D}{(1-\mu_B)(1-\alpha_B)} + \frac{\gamma}{(1-\mu_B)}. \qquad [12]$$

[72] No Apêndice I apresenta-se a solução de equilíbrio quando os *n* bancos são maximizadores de lucro e *n* tende para infinito, isto é, a solução convergente com o modelo de Corvoisier & Gropp (2002). No Apêndice J, apresenta-se a solução de equilíbrio quando existe apenas um banco monopolista, isto é, a solução convergente com o modelo de Monti-Klein.

[73] Note-se que esta restrição sempre existe. Assim, se em vez de pagarem o preço de mercado e minimizarem a taxa ativa (isto é, maximizar o bem-estar social), privilegiarem o interesse dos trabalhadores, o interesse dos depositantes ou o interesse dos tomadores de empréstimos pagando a todos ou alguns destes grupos rendas, não deixam de ter esta restrição. Todavia, neste outro caso, os custos dos STB em todas ou algumas das suas componentes serão necessariamente superiores aos do SHB.

Esta solução corresponde a preço igual ao custo médio (e ao custo marginal)[74], o mesmo é dizer que corresponde à solução de concorrência perfeita. Note-se que r_B não depende do grau de concorrência existente, não dependendo, por isso, do número de bancos n que operam no mercado nem da sua repartição entre bancos do tipo SHB e STB. Os bancos STB comportam-se sempre como se estivessem em equilíbrio de concorrência perfeita, solução maximizadora do bem-estar social.

Note-se que r_B, ao contrário de r_A, não depende da procura agregada de crédito (B_0) nem da intensidade da resposta da procura ao diferencial de taxas (B_1) ou da sensibilidade da procura agregada à taxa de juro ativo média (B_2). Em suma, depende apenas dos custos suportados pelos STB, em particular:[75] (i) depende positivamente da taxa de juro passiva (r_D); (ii) depende positivamente dos custos operacionais (γ_L e γ_D); (iii) depende positivamente do risco de crédito, sendo, por isso, tanto mais elevada quanto mais elevado μ_B; (iv) por fim, r_B será tanto mais elevado quanto maior α_B.

3.3 Enquadramento regulatório, custos operacionais e risco idênticos para os SHB e os STB

As taxas de juro ativas dos SHB e dos STB são dadas, respetivamente, pelas equações [10] e [12]. Admitindo que os bancos suportam custos operacionais idênticos, que os dois grupos de bancos têm o mesmo enquadramento regulatório ($\alpha_A = \alpha_B$) e que o risco (isto é, a taxa de incumprimento) é a mesma nos clientes dos dois grupos de bancos ($\mu_A = \mu_B$)[76],

[74] Na realidade, por cada euro emprestado o banco recebe (preço líquido de incumprimentos) $(1 - \mu_B)\, r_B$. Por sua vez, $\text{Cmg} = \frac{r_D}{(1-\alpha_B)} + \gamma$, pelo que igualando e resolvendo em ordem a r_B obtém-se a equação [12].

[75] A demonstração destes resultados obtém-se por simples derivação e pode ser consultada no Apêndice C.

[76] Embora não se analise expressamente a hipótese de os dois tipos de bancos enfrentarem taxas de incumprimento distintas, note-se que no caso base, *ceteris paribus*, r_A e r_B são tão mais elevados quanto maior forem, respetivamente, μ_A e μ_B, sendo que r_B não depende de μ_A. Donde, *ceteris paribus*, uma redução de μ_A (mantendo-se μ_B e passando a ter $\mu_A < \mu_B$) faz diminuir r_A, mantendo-se r_B, pelo que igualmente diminui a diferença $(r_A - r_B)$.

substituindo r_B na equação [10] pela expressão da equação [12], após rearranjo, obtém-se:[77]

$$r_A = \frac{b_0}{2b_1 n_B + 2b_2 \frac{n_A}{n}} + \frac{2b_1 n_B + b_2\left(\frac{n_A}{n} - \frac{n_B}{n}\right)}{2b_1 n_B + 2b_2 \frac{n_A}{n}} r_B. \qquad [13]$$

Daqui se conclui que r_A depende de r_B (e, consequentemente, de todas as variáveis que a influenciam, isto é, da taxa das operações passivas, do risco de incumprimento e da taxa legal de reservas), mas igualmente depende da estrutura concorrencial (n_A, n_B e n) e da função procura (b_0, b_1 e b_2). Em particular, *ceteris paribus*:[78]

i) Quanto maior (menor) r_B, maior (menor) r_A;[79]
ii) Quanto maior (menor) r_D, maior (menor) r_B e, também, maior (menor) r_A;
iii) Quanto maior (menor) b_0 (e, consequentemente, a procura máxima global B_0), maior (menor) r_A;
iv) À medida que a curva da procura se torna mais elástica (isto é, b_1 tende para infinito), r_A tende para r_B;
v) À medida que n tende para infinito, r_A tende para r_B.

Por sua vez, a diferença entre r_A e r_B, pode ser escrita como:[80]

$$r_A - r_B = \frac{b_0 - b_2 r_B}{2b_1 n_B + 2b_2 \frac{n_A}{n}}. \qquad [14]$$

Este resultado mostra que com o mesmo enquadramento regulatório e partilhando clientes com a mesma probabilidade de incumprimento, os SHB cobrarão taxas ativas mais elevadas que os STB. Na realidade, este resultado resulta de, por força da natureza e definição das variáveis, b_0 ser superior a $b_2 r_B$, e de o denominador da expressão [14] ser positivo.

[77] *Vide* demonstração no Apêndice D.
[78] *Vide* demonstração no Apêndice E.
[79] Uma vez mais se notando as repercussões (*spillover*) da atuação dos STB em benefício dos clientes dos SHB.
[80] *Vide* demonstração no Apêndice D.

Esta diferença, *ceteris paribus*, é tão:[81]

i) Mais baixa quanto mais elevada for r_D;
ii) Mais baixa quanto mais elevada for r_B;
iii) Mais alta quanto maior for b_0;
iv) Mais baixa quanto mais elevado for b_1, aproximando-se de zero à medida que b_1 tende para infinito;
v) Mais baixa quanto mais elevado for b_2;
vi) Mais alta quanto maior for o peso dos SHB no mercado $(\frac{n_A}{n})$;
vii) Mais baixa quanto maior for o peso dos STB no mercado $(\frac{n_B}{n})$;
viii) Mais baixa quanto maior for o número de bancos que operam no mercado (*n*). À medida que *n* tende para infinito, a diferença entre r_A e r_B tende para zero.

A circunstância de os STB cobrarem taxas mais baixas do que os SHB indica que a presença de STB no mercado, sendo estes tão eficientes quanto os SHB (quer em termos de custos de financiamento quer em termos de custos operacionais), beneficiará os tomadores de empréstimos seus clientes, em detrimento da maximização do lucro. Os clientes dos SHB igualmente sairão beneficiados por força da interação estratégica entre os dois tipos de bancos.

Pode, porém, acontecer que os SHB tenham custos operacionais distintos dos STB. Seja porque os dois grupos de bancos têm níveis de eficiência distintos, seja (no que mais interessa aos propósitos deste modelo) porque os STB privilegiem os interesses do pessoal (incluindo os da administração) ou de outros fornecedores. As implicações da existência de custos operacionais distintos são analisadas no ponto seguinte.

[81] *Vide* demonstração no Apêndice F.

3.4 Custos operacionais distintos para os SHB e os STB

As taxas de juro ativas dos SHB e dos STB são dadas, respetivamente, pelas equações [10] e [12]. Donde, dado $\mu_A = \mu_B = \mu$ e $\alpha_A = \alpha_B = \alpha$, assumindo custos administrativos distintos ($\gamma_A \neq \gamma_B$), pode escrever-se:[82]

$$r_A - r_B = \frac{b_0}{2b_1 n_B + 2b_2 \frac{n_A}{n}} + \frac{b_1 n_B - b_2 \frac{n_B}{n}}{2b_1 n_B + 2b_2 \frac{n_A}{n}} r_B + \frac{r_D}{2(1-\mu)(1-\alpha)} + \frac{\gamma_A}{2(1-\mu)} - \frac{r_D}{(1-\mu)(1-\alpha)} - \frac{\gamma_B}{(1-\mu)} \quad [15]$$

Dado que, pela equação [12], $\frac{1}{2}\left(r_B - \frac{\gamma_B}{(1-\mu)}\right) = \frac{r_D}{2(1-\mu)(1-\alpha)}$, após simplificação, pode escrever-se:

$$r_A - r_B = \frac{b_0}{2b_1 n_B + 2b_2 \frac{n_A}{n}} - \frac{b_2}{2b_1 n_B + 2b_2 \frac{n_A}{n}} r_B + \frac{\gamma_A - \gamma_B}{2(1-\mu)}. \quad [16]$$

Substituindo pela expressão decorrente da equação [12], obtém-se:

$$r_A - r_B = \frac{b_0}{2b_1 n_B + 2b_2 \frac{n_A}{n}} - \frac{b_2 r_D}{\left(2b_1 n_B + 2b_2 \frac{n_A}{n}\right)(1-\mu)(1-\alpha)} - \frac{b_2 \gamma_B}{(1-\mu)\left(2b_1 n_B + 2b_2 \frac{n_A}{n}\right)} + \frac{\gamma_A - \gamma_B}{2(1-\mu)}. \quad [17]$$

Assim, *ceteris paribus*, o aumento dos custos administrativos dos SHB faz com que as taxas ativas destes bancos se afastem das dos STB. Pelo contrário, *ceteris paribus*, o aumento dos custos operacionais dos STB faz aproximar as taxas ativas destes bancos das dos SHB. Pode até acontecer que a diferença seja negativa. De facto, a diferença $r_A - r_B$ tanto pode ser positiva como negativa. Se os custos operacionais dos STB forem suficientemente altos para esse efeito, os tomadores de empréstimos concedidos por estes bancos serão chamados a suportar taxas mais altas que as cobradas pelos SHB. Esta situação, comparativamente àquela em que os custos operacionais refletem apenas as condições dos mercados de *inputs* (isto é, são idênticos aos suportados pelos SHB), implica o sacrifício de excedente do consumidor. Há aqui um efeito equivalente ao da subida do custo marginal num mercado de concorrência perfeita. Os STB continuam a maximizar a soma dos excedentes dos seus consumidores e do produtor, mas esta soma é menor do que a que se verificava com custos operacionais

[82] *Vide* passos intermédios no Apêndice G.

idênticos aos dos SHB. Assim, neste contexto, há transferência de bem-estar dos tomadores de empréstimos para outros *stakeholders*, seja pelo facto de os STB serem menos eficientes que os SHB, seja por a diferença de custos operacionais resultar do facto de os administradores e/ou o pessoal e os demais fornecedores de bens e serviços dos STB serem remunerados acima do preço de mercado.

Em termos de *spillover* para os clientes dos SHB, o aumento dos custos dos STB faz subir r_B, o que, por sua vez, por força da interação estratégica, faz aumentar r_A e reduzir o excedente do consumidor para aqueles clientes.

Quer isto dizer que as taxas ativas dos STB se poderão aproximar das (ou mesmo ultrapassar as) taxas ativas dos SHB, não obstante aqueles bancos, ao contrário destes, não visarem maximizar o lucro, pela razão de que são menos eficientes ou proporcionam quase-rendas aos seus trabalhadores, ou a outros *stakeholders*, as quais se materializam em custos operacionais mais elevados. Por outras palavras, se os STB forem menos eficientes do que os SHB, ou se optarem por privilegiar os seus trabalhadores, os seus fornecedores ou os outros *stakeholders* beneficiários dos seus custos operacionais (isto é, se $\gamma_B > \gamma_A$), a diferença entre r_A e r_B tende a estreitar-se, podendo ser nula ou negativa.

3.5 Rendas para os depositantes dos STB

Admite-se agora que os STB privilegiam os interesses dos seus depositantes. Considere-se que, além da taxa passiva suportada pelos SHB (r_D, que continua a traduzir o preço de mercado), é paga uma quase-renda (φ) aos depositantes dos STB. Isto é: $r_D^B = r_D + \varphi$, com $0< \varphi$ e $0<r_D^B<1$. Nesse caso, a função lucro passa a ser:

$$\pi_B = (1 - \mu_B) r_B L_B - \frac{L_B}{(1-\alpha_B)}(r_D + \varphi) - \gamma L_B = 0. \quad [18]$$

Dividindo ambos os membros por L_B, e resolvendo em ordem a r_B, obtém-se:

$$r_B = \frac{r_D+\varphi}{(1-\mu_B)(1-\alpha_B)} + \frac{\gamma}{(1-\mu_B)}. \quad [19]$$

Assim, comparando esta equação com a equação [12], facilmente se conclui que os tomadores de empréstimos são agora chamados a suportar uma taxa ativa mais elevada, o que significa que o excedente do consumidor será diminuído face à solução da equação [12].

Voltando a assumir idênticos enquadramentos regulatórios, risco e custos operacionais, para simplificar, facilmente se conclui que, neste contexto, a r_A de equilíbrio e a diferença entre r_A e r_B são, respetivamente:

$$r_A = \frac{b_0}{2b_1n_B+2b_2\frac{n_A}{n}} + \frac{2b_1n_B+b_2\left(\frac{n_A}{n}-\frac{n_B}{n}\right)}{2b_1n_B+2b_2\frac{n_A}{n}}r_B - \frac{\varphi}{2(1-\mu_B)(1-\alpha_B)}.^{83} \quad [20]$$

e

$$r_A - r_B = \frac{b_0}{2b_1n_B+2b_2\frac{n_A}{n}} - \frac{b_2}{2b_1n_B+2b_2\frac{n_A}{n}}r_B - \frac{\varphi}{2(1-\mu)(1-\alpha)}.^{84} \quad [21]$$

Donde, uma vez mais se conclui que esta diferença ($r_A - r_B$) pode ser positiva ou negativa. Assim, se os STB decidirem privilegiar os interesses dos seus depositantes, pagando taxas acima do preço de mercado, isso implicará uma redução da diferença entre as taxas praticadas pelos SHB e STB, podendo estas superar aquelas.

[83] Este resultado não é diretamente comparável com o da equação [13], para concluir que os SHB cobram agora taxas mais baixas. De facto, os valores de constantes da equação [21] são superiores aos da equação [13] por força da quase-renda (φ).

[84] A demonstração de ambos os resultados consta do Apêndice H.

3.6 Lucros supranormais para os STB

Nesta secção admite-se que os STB não têm por objetivo maximizar o lucro, mas visam obter lucro supranormal como forma de captação de capital próprio. A circunstância de os STB não terem acesso ao mercado de capitais para captação de capital próprio implica que estes, tendo necessidade, tenham de os reforçar através de autofinanciamento. Donde, admita-se que os STB visam obter uma margem de lucro supranormal sobre os empréstimos concedidos ($\delta > 0$). Evidentemente que terá de ser suficientemente baixo de modo que o montante de lucro supranormal seja inferior ao que os bancos obteriam se visassem maximizar o lucro. Doutra forma, não só os bancos perderiam a natureza de STB, como esse lucro não seria atingível. Assim, a equação equivalente à equação [11] pode agora ser escrita como:

$$\pi_B = (1 - \mu_B) r_B L_B - r_D \frac{L_B}{(1-\alpha_B)} - \gamma L_B = \delta L_B. \qquad [22]$$

Dividindo ambos os membros por L_B, e resolvendo em ordem a r_B, obtém-se:

$$r_B = \frac{r_D}{(1-\mu_B)(1-\alpha_B)} + \frac{\gamma+\delta}{(1-\mu_B)}. \qquad [23]$$

Donde, o efeito é o mesmo de um aumento dos custos operacionais. A diferença é que, desta feita, os *stakeholders* beneficiados são aqueles que beneficiam da acumulação de capital do banco (pressupondo que, como é típico nos STB, os resultados não podem ser distribuídos aos detentores do capital).

3.7 Síntese

Em suma, o modelo teórico mostra que sendo os STB tão eficientes quanto os SHB e adquirindo os seus *inputs* ao preço de mercado, os SHB praticarão taxas ativas superiores às taxas ativas dos STB. Quanto mais elevadas estas forem, mais altas aquelas tendem a ser, indicando que as escolhas dos STB têm igualmente repercussões nos clientes dos SHB. Ambas as taxas serão tão mais elevadas quanto mais elevado o custo de financiamento, a procura global, os custos administrativos, a taxa esperada de incumprimentos e os requisitos regulatórios a que os bancos estejam sujeitos. A diferença entre as duas taxas tende a reduzir-se à medida que o efeito da concorrência aumenta, seja pelo aumento do número de bancos seja pelo aumento da elasticidade da procura, esbatendo-se na íntegra, desde que esse efeito seja suficientemente forte para isso. A diferença igualmente se reduz à medida que a taxa ativa dos STB aumenta, que o custo de financiamento aumenta, que a procura global diminui, quanto maior for a reação da procura global à subida da taxa de juro média e quanto mais elevado for o peso dos STB no mercado. De igual modo, o aumento dos custos administrativos dos SHB faz com que as taxas ativas destes bancos se afastem das dos STB, ao passo que o aumento dos custos administrativos dos STB faz aproximar as taxas ativas destes bancos das dos SHB.

SÍNTESE CONCLUSIVA

Poucos assuntos terão passado tão rapidamente do espaço de discussão académica para o espaço do debate empresarial, político e de opinião pública como o governo empresarial. Este debate tem tido como um dos seus vetores primordiais a discussão sobre se as empresas se devem concentrar exclusivamente em maximizar riqueza para os seus acionistas, ou se igualmente devem atender os interesses dos demais *stakeholders*. Esta questão coloca-se por força da inexistência de contratos completos, que permitam uma efetiva proteção das partes interessadas pela via contratual.

Duas perspetivas primordiais se confrontam nesta matéria, a teoria da maximização do valor e a teoria dos *stakeholders*. Os argumentos expendidos pelos defensores de uma e de outra perspetiva foram apresentados, discutidos e confrontados neste documento. São múltiplos, pelo que não serão agora repetidos. Todavia, não obstante a sua abundância, o debate mantém-se. Numa tentativa de conciliar os dois lados da trincheira, Jensen (2001) propôs a teoria da maximização do valor esclarecida. De acordo com esta perspetiva, se os gestores maximizarem o valor da empresa em vez do valor do capital acionista, não existir monopólio, nem qualquer externalidade negativa, o bem-estar social será maximizado. Esta perspetiva sustenta ainda que, num ambiente concorrencial, forças exteriores à empresa – seja no mercado de bens e serviços seja nos mercados financeiros – forçá-la-iam a ter um comportamento eficiente, e que nesse contexto as empresas não maximizadoras do valor teriam dificuldades em sobreviver. Assim, desde que adequadamente regulados os monopólios e as externalidades, não só o espaço de divergência entre as duas perspetivas se esvaziaria, como as empresas não encontrariam espaço para privilegiar outros interesses que não os dos acionistas.

Neste documento mostra-se que, não obstante a teoria da maximização do valor esclarecida ter o mérito de tornar claro que o espaço de divergência entre a teoria dos acionistas e a teoria dos *stakeholders* ser menor do que à primeira vista parecia, remanescem muitas questões por esclarecer e mais espaço de divergência do que o pretendido por aquela teoria.

Desde logo, aqui se sustenta que mesmo em ambiente concorrencial há espaço para a subsistência de empresas orientadas para os *stakeholders*. Assim, algumas empresas podem privilegiar outros interesses que não a rentabilidade dos acionistas e manter-se em mercado. Tal exige, porém, que os tais acionistas aceitem rentabilidade mais baixa em troca de investimento socialmente mais responsável.

Acresce que, em geral, os mercados não são nem monopolistas nem de concorrência perfeita. Trata-se antes de oligopólios ou de mercados de concorrência monopolística. É esse o caso, tanto quanto a literatura documenta, do mercado bancário europeu. Este mercado tem ainda a característica de, desde há muito, nele concorrerem dois tipos de bancos. Bancos do tipo cooperativo, mutualista, de poupança ou detidos pelo Estado, que são do tipo *stakeholder*. E bancos detidos por privados, que visam a maximização do lucro. Este mercado é, por isso, interessante para procurar entender as consequências da orientação da gestão e do governo para as partes interessadas e concorrência imperfeita com empresas orientadas para os seus acionistas.

Para isso, construiu-se um modelo de fixação de taxas ativas. O modelo proposto ajuda a evidenciar que a opção pela maximização do valor ou a opção pela perspetiva dos *stakeholders* tem implicações (designadamente no bem-estar social) além das que a perspetiva da Maximização Esclarecida do Valor sugere. Este modelo permite ver que a opção por uma das vias tem consequências não só para os clientes do próprio banco, mas igualmente, via interação estratégica, para os clientes do outro tipo de bancos.

Em particular, o modelo mostra que a circunstância de os STB cobrarem taxas mais baixas do que os SHB significa que a sua presença no mercado, sendo tão eficientes quanto os SHB, beneficiará os tomadores de empréstimos seus clientes. Todavia, os clientes dos SHB igualmente sairão beneficiados por força da interação estratégica entre os dois tipos de bancos.

Porém, se os STB forem menos eficientes ou procurarem privilegiar outros interesses que não os dos clientes (do mercado de empréstimos), isso traduz-se em perda de excedente do consumidor para os clientes dos STB, mas igualmente dos SHB. A necessidade de acumular capital igualmente fará a taxa ativa dos STB aproximar-se da taxa ativa dos SHB.

Apêndices

Apêndice A
Passos intermédios entre as equações [9] e [10]

A equação [9] é a condição de primeira ordem de maximização do lucro dos bancos do tipo SHB, e corresponde à seguinte expressão:

$$\frac{\partial \pi_A}{\partial r_A} = (1-\mu_A)L_A + (1-\mu_A)r_A\frac{\partial L_A}{\partial r_A} - \frac{r_D}{(1-\alpha_A)}\frac{\partial L_A}{\partial r_A} - \gamma\frac{\partial L_A}{\partial r_A} = 0.$$

Substituindo [8] em [9] obtém-se:

$$(1-\mu_A)L_A + (1-\mu_A)r_A\left(-b_1 n_B - b_2\frac{n_A}{n}\right) - \frac{r_D}{(1-\alpha_A)}\left(-b_1 n_B - b_2\frac{n_A}{n}\right) - \gamma\left(-b_1 n_B - b_2\frac{n_A}{n}\right) = 0.$$

Usando agora a equação [7], tem-se:

$$(1-\mu_A)\left[b_0 - b_1 n_B(r_A - r_B) - \frac{(r_A n_A + r_B n_B)b_2}{n}\right] + (1-\mu_A)r_A\left(-b_1 n_B - b_2\frac{n_A}{n}\right) - \frac{r_D}{(1-\alpha_A)}\left(-b_1 n_B - b_2\frac{n_A}{n}\right) - \gamma\left(-b_1 n_B - b_2\frac{n_A}{n}\right) = 0.$$

Rearranjando os termos pode escrever-se:

$$2(1-\mu_A)\left(b_1 n_B + b_2\frac{n_A}{n}\right)r_A = (1-\mu_A)b_0 + (1-\mu_A)\left(b_1 n_B - b_2\frac{n_B}{n}\right)r_B + \frac{r_D}{(1-\alpha_A)}\left(b_1 n_B + b_2\frac{n_A}{n}\right) + \gamma\left(b_1 n_B + b_2\frac{n_A}{n}\right) = 0.$$

Finalmente, resolvendo em ordem a r_A, obtém-se a equação [10]:

$$r_A = \frac{b_0}{2b_1 n_B + 2b_2 \frac{n_A}{n}} + \frac{b_1 n_B - b_2 \frac{n_B}{n}}{2b_1 n_B + 2b_2 \frac{n_A}{n}} r_B + \frac{r_D}{2(1-\mu_A)(1-\alpha_A)} + \frac{\gamma}{2(1-\mu_A)}.$$

Apêndice B
Algumas derivadas e limites da equação [10]

A equação [10] é a seguinte:

$$r_A = \frac{b_0}{2b_1 n_B + 2b_2 \frac{n_A}{n}} + \frac{b_1 n_B - b_2 \frac{n_B}{n}}{2b_1 n_B + 2b_2 \frac{n_A}{n}} r_B + \frac{r_D}{2(1-\mu_A)(1-\alpha_A)} + \frac{\gamma}{2(1-\mu_A)}.$$

A derivada de r_A em ordem a b_0 é:

$$\frac{\partial r_A}{\partial b_0} = \frac{1}{2b_1 n_B + 2b_2 \frac{n_A}{n}},$$

expressão que assume sempre valores positivos.

Por sua vez, a derivada de r_A em ordem a r_B é:

$$\frac{\partial r_A}{\partial r_B} = \frac{b_1 n_B - b_2 \frac{n_B}{n}}{2b_1 n_B + 2b_2 \frac{n_A}{n}},$$

expressão que assume sempre valores positivos, pois $b_1 n_B > b_2 \frac{n_B}{n}$.

Por outro lado, a derivada de r_A em ordem a r_D é:

$$\frac{\partial r_A}{\partial r_D} = \frac{b_1 n_B - b_2 \frac{n_B}{n}}{2b_1 n_B + 2b_2 \frac{n_A}{n}} \frac{\partial r_B}{\partial r_D} + \frac{1}{2(1-\mu_A)(1-\alpha_A)}$$

$$= \frac{b_1 n_B - b_2 \frac{n_B}{n}}{2b_1 n_B + 2b_2 \frac{n_A}{n}} \frac{1}{(1-\mu_B)(1-\alpha_B)} + \frac{1}{2(1-\mu_A)(1-\alpha_A)},$$

expressão que assume sempre valores positivos, pois $\mu_A < 1, \alpha_A < 1,$ $\mu_B < 1, \alpha_B < 1$ e $b_1 n_B > b_2 \frac{n_B}{n}$.

Por fim, a derivada de r_A em ordem a γ é:

$$\frac{\partial r_A}{\partial \gamma} = \frac{b_1 n_B - b_2 \frac{n_B}{n}}{2b_1 n_B + 2b_2 \frac{n_A}{n}} \frac{\partial r_B}{\partial \gamma} + \frac{1}{2(1-\mu_A)} = \frac{b_1 n_B - b_2 \frac{n_B}{n}}{2b_1 n_B + 2b_2 \frac{n_A}{n}} \frac{1}{(1-\mu_B)} + \frac{1}{2(1-\mu_A)},$$

expressão que assume sempre valores positivos, dado $\mu_A < 1,$ $\mu_B < 1$ e $b_1 n_B > b_2 \frac{n_B}{n}$.

No que respeita ao limite de r_A quando n tende para infinito, note-se que r_A pode ser escrito como se segue:

$$r_A = \frac{\frac{B_0}{n}}{2\frac{B_1}{n-1}\frac{n_B}{n}n + 2\frac{B_2}{n}\frac{n_A}{n}} + \frac{\frac{B_1}{n-1}\frac{n_B}{n}n - \frac{B_2}{n}\frac{n_B}{n}}{2\frac{B_1}{n-1}\frac{n_B}{n}n + 2\frac{B_2}{n}\frac{n_A}{n}} r_B + \frac{r_D}{2(1-\mu_A)(1-\alpha_A)} + \frac{\gamma}{2(1-\mu_A)}.$$

o mesmo é dizer:

$$r_A = \frac{\frac{B_0}{n}}{2\frac{B_1}{n-1}\omega_B n + 2\frac{B_2}{n}\omega_A} + \frac{\frac{B_1}{n-1}\omega_B n - \frac{B_2}{n}\omega_B}{2\frac{B_1}{n-1}\omega_B n + 2\frac{B_2}{n}\omega_A} r_B + \frac{r_D}{2(1-\mu_A)(1-\alpha_A)} + \frac{\gamma}{2(1-\mu_A)}.$$

com $\omega_A = \frac{n_A}{n}$ e $\omega_B = \frac{n_B}{n}$.

Ou, após simplificação:

$$r_A = \frac{B_0}{2B_1\frac{n}{n-1}\omega_B n + 2B_2\omega_A} + \frac{\frac{B_1}{n-1}\omega_B n^2 - B_2\omega_B}{2B_1\frac{n}{n-1}\omega_B n + 2B_2\omega_A} r_B + \frac{r_D}{2(1-\mu_A)(1-\alpha_A)} + \frac{\gamma}{2(1-\mu_A)}.$$

Assim, quanto à primeira parcela, como *n*/(*n*-1) tende para 1 à medida que *n* tende para infinito, facilmente se constata que o denominador dessa parcela tende para infinito à medida que *n* aumenta e, consequentemente, a primeira parcela tende para zero. A terceira e a quarta parcelas não dependem de *n*.

Relativamente à segunda parcela, aplicando a regra de L'Hopital pode escrever-se:

$$\lim_{n\to\infty} \frac{\frac{B_1}{n-1}\omega_B n^2 - B_2\omega_B}{2B_1\frac{n}{n-1}\omega_B n + 2B_2\omega_A} r_B = \lim_{n\to\infty} \frac{\frac{2B_1\omega_B n(n-1)r_B - B_1\omega_B n^2 r_B}{(n-1)^2}}{\frac{4B_1\omega_B n(n-1) - 2B_1\omega_B n^2}{(n-1)^2}} = \frac{r_B}{2}.$$

Donde, finalmente conclui-se que

$$\lim_{n\to\infty} r_A = \frac{r_B}{2} + \frac{r_D}{2(1-\mu_A)(1-\alpha_A)} + \frac{\gamma}{2(1-\mu_A)}.$$

Se $\mu_A = \mu_B$ e $\alpha_A = \alpha_B$, usando a equação [12] facilmente se constata que

$$\lim_{n\to\infty} r_A = r_B.$$

Por fim, quanto ao limite de r_A quando b_1 tende para infinito, regressando à formulação da equação [10], note-se que a primeira parcela tende para zero à medida que b_1 tende para infinito, e as terceira e quarta parcelas não dependem de b_1. Relativamente à segunda parcela aplicando a regra de L'Hopital tem-se:

$$\lim_{b_1\to\infty} \frac{b_1 n_B - b_2\frac{n_B}{n}}{2b_1 n_B + 2b_2\frac{n_A}{n}} r_B = \lim_{b_1\to\infty} \frac{n_B r_B}{2n_B} = \frac{r_B}{2}.$$

Donde, finalmente conclui-se que

$$\lim_{b_1 \to \infty} r_A = \frac{r_B}{2} + \frac{r_D}{2(1-\mu_A)(1-\alpha_A)} + \frac{\gamma}{2(1-\mu_A)}.$$

Se $\mu_A = \mu_B$ e $\alpha_A = \alpha_B$, usando a equação [12] uma vez mais facilmente se constata que $\lim_{b_1 \to \infty} r_A = r_B$.

Apêndice C
Diferenciação da equação [12]

A equação [12] tem a seguinte especificação:

$$r_B = \frac{r_D}{(1-\mu_B)(1-\alpha_B)} + \frac{\gamma}{(1-\mu_B)}.$$

Por sua vez, da equação [5] tem-se:

$$\gamma = \gamma_L + \frac{\gamma_D}{(1-\alpha_B)}.$$

Donde, substituindo esta última expressão na equação anterior, tem-se:

$$r_B = \frac{r_D}{(1-\mu_B)(1-\alpha_B)} + \frac{\gamma_L(1-\alpha_B)+\gamma_D}{(1-\mu_B)(1-\alpha_B)}.$$

Derivando a expressão em ordem a r_D obtém-se:

$$\frac{\partial r_B}{\partial r_D} = \frac{1}{(1-\mu_B)(1-\alpha_B)},$$

o que, dado $\mu_B<1$ e $\alpha_B<1$, significa que $\frac{\partial r_B}{\partial r_D}>0$.

Derivando agora em ordem a γ_L e a γ_D obtém-se, respetivamente:

$$\frac{\partial r_B}{\partial \gamma_L} = \frac{(1-\alpha_B)}{(1-\mu_B)(1-\alpha_B)},$$

e

$$\frac{\partial r_B}{\partial \gamma_D} = \frac{1}{(1-\mu_B)(1-\alpha_B)}.$$

Em ambos os casos as derivadas são positivas, por força de $\mu_B<1$ e $\alpha_B<1$.

Por sua vez, a derivada de r_B em ordem a μ_B vem:

$$\frac{\partial r_B}{\partial \mu_B} = \frac{r_D + \gamma_L(1-\alpha_B) + \gamma_D}{(1-\mu_B)^2(1-\alpha_B)},$$

a qual é, uma vez mais, positiva.

Finalmente, no que respeita ao cálculo da derivada de r_B em ordem a α_B comece-se por notar que:

$$r_B = \frac{r_D}{(1-\mu_B)(1-\alpha_B)} + \frac{\gamma_L}{(1-\mu_B)} + \frac{\gamma_D}{(1-\mu_B)(1-\alpha_B)}.$$

Donde:

$$\frac{\partial r_B}{\partial \alpha_B} = \frac{r_D + \gamma_D}{(1-\mu_B)(1-\alpha_B)^2}.$$

Também esta derivada é sempre positiva.

Apêndice D
Diferença entre r_A e r_B assumindo o mesmo enquadramento regulatório e idêntico risco

As taxas de juro ativas dos SHB e dos STB são dadas, respetivamente, por (equações [10] e [12]):

$$r_A = \frac{b_0}{2b_1 n_B + 2b_2 \frac{n_A}{n}} + \frac{b_1 n_B - b_2 \frac{n_B}{n}}{2b_1 n_B + 2b_2 \frac{n_A}{n}} r_B + \frac{r_D}{2(1-\mu_A)(1-\alpha_A)} + \frac{\gamma}{2(1-\mu_A)}$$

e

$$r_B = \frac{r_D}{(1-\mu_B)(1-\alpha_B)} + \frac{\gamma}{(1-\mu_B)}.$$

Donde, dado $\mu_A = \mu_B$ e $\alpha_A = \alpha_B$, r_A pode ser escrito como se segue:

$$r_A = \frac{b_0}{2b_1 n_B + 2b_2 \frac{n_A}{n}} + \frac{b_1 n_B - b_2 \frac{n_B}{n}}{2b_1 n_B + 2b_2 \frac{n_A}{n}} r_B + \frac{1}{2} r_B$$

ou

$$r_A = \frac{b_0}{2b_1 n_B + 2b_2 \frac{n_A}{n}} + \frac{2\left(b_1 n_B - b_2 \frac{n_B}{n}\right) + 2b_1 n_B + 2b_2 \frac{n_A}{n}}{2\left(2b_1 n_B + 2b_2 \frac{n_A}{n}\right)} r_B.$$

Finalmente, após rearranjo:

$$r_A = \frac{b_0}{2b_1 n_B + 2b_2 \frac{n_A}{n}} + \frac{2b_1 n_B + b_2\left(\frac{n_A}{n} - \frac{n_B}{n}\right)}{2b_1 n_B + 2b_2 \frac{n_A}{n}} r_B.$$

Por sua vez, a diferença entre r_A e r_B vem:

$$r_A - r_B = \frac{b_0}{2b_1 n_B + 2b_2 \frac{n_A}{n}} + \frac{b_1 n_B - b_2 \frac{n_B}{n}}{2b_1 n_B + 2b_2 \frac{n_A}{n}} r_B - \frac{1}{2} r_B,$$

o mesmo é dizer

$$r_A - r_B = \frac{b_0}{2b_1 n_B + 2b_2 \frac{n_A}{n}} + \frac{2\left(b_1 n_B - b_2 \frac{n_B}{n}\right) - 2b_1 n_B - 2b_2 \frac{n_A}{n}}{2\left(2b_1 n_B + 2b_2 \frac{n_A}{n}\right)} r_B.$$

Após simplificação, dado $n = n_A + n_B$:

$$r_A - r_B = \frac{b_0}{2b_1 n_B + 2b_2 \frac{n_A}{n}} - \frac{b_2}{2b_1 n_B + 2b_2 \frac{n_A}{n}} r_B, \qquad \text{ou, } r_A - r_B = \frac{b_0 - b_2 r_B}{2b_1 n_B + 2b_2 \frac{n_A}{n}}.$$

Apêndice E
Algumas derivadas e limites da equação [13]

A equação [13] tem a seguinte especificação:

$$r_A = \frac{b_0}{2b_1 n_B + 2b_2 \frac{n_A}{n}} + \frac{2b_1 n_B + b_2\left(\frac{n_A}{n} - \frac{n_B}{n}\right)}{2b_1 n_B + 2b_2 \frac{n_A}{n}} r_B.$$

a) Derivadas

Derivando a expressão em ordem a r_B obtém-se:

$$\frac{\partial r_A}{\partial r_B} = \frac{2b_1 n_B + b_2\left(\frac{n_A}{n} - \frac{n_B}{n}\right)}{2b_1 n_B + 2b_2 \frac{n_A}{n}} = \frac{\left(2b_1 - \frac{b_2}{n}\right) n_B + b_2 \frac{n_A}{n}}{2b_1 n_B + 2b_2 \frac{n_A}{n}},$$

expressão que assume sempre um valor positivo, dado $2b_1 > b_2/n$.[85]

Por outro lado, derivando em ordem a b_0, obtém-se:

$$\frac{\partial r_A}{\partial b_0} = \frac{1}{2b_1 n_B + 2b_2 \frac{n_A}{n}},$$

expressão que é sempre positiva.

85 Na realidade, a condição $2b_1 > b_2/n$ está garantida pelo facto de $b_1 > b_2$.

Por fim, no que respeita a $\frac{\partial r_A}{\partial r_D}$, substituindo a equação [12] na equação [13] obtém-se:

$$r_A = \frac{b_0}{2b_1 n_B + 2b_2 \frac{n_A}{n}} + \frac{2b_1 n_B + b_2\left(\frac{n_A}{n} - \frac{n_B}{n}\right)}{2b_1 n_B + 2b_2 \frac{n_A}{n}} \left[\frac{r_D}{(1-\mu_B)(1-\alpha_B)} + \frac{\gamma}{(1-\mu_B)}\right].$$

Donde,

$$\frac{\partial r_A}{\partial r_D} = \frac{2b_1 n_B + b_2\left(\frac{n_A}{n} - \frac{n_B}{n}\right)}{\left(2b_1 n_B + 2b_2 \frac{n_A}{n}\right)(1-\mu_B)(1-\alpha_B)} = \frac{\left(2b_1 - \frac{b_2}{n}\right) n_B + b_2 \frac{n_A}{n}}{\left(2b_1 n_B + 2b_2 \frac{n_A}{n}\right)(1-\mu_B)(1-\alpha_B)},$$

expressão que assume sempre um valor positivo, dado $2b_1 > b_2/n$, $\mu_B < 1$ e $\alpha_B < 1$.

b) Limites

A equação [13] pode escrever-se como:

$$r_A = \frac{b_0 + \left[2b_1 n_B + b_2\left(\frac{n_A}{n} - \frac{n_B}{n}\right)\right] r_B}{2b_1 n_B + 2b_2 \frac{n_A}{n}}.$$

Por sua vez, o limite de r_A quando b_1 tende para infinito é r_B. Na realidade, aplicando a regra de L'Hopital tem-se:

$$\lim_{b_1 \to \infty} r_A = \lim_{b_1 \to \infty} \frac{2n_B r_B}{2n_B} = r_B.$$

A equação [13] pode igualmente ser escrita como se segue:

$$r_A = \frac{\frac{B_0}{n} + \left[2\frac{B_1}{n-1}\frac{n_B}{n} n + \frac{B_2}{n}\left(\frac{n_A}{n} - \frac{n_B}{n}\right)\right] r_B}{2\frac{B_1}{n-1}\frac{n_B}{n} n + 2\frac{B_2}{n}\frac{n_A}{n}} = \frac{\frac{B_0}{n} + \left[2\frac{B_1}{n-1}\omega_B n + \frac{B_2}{n}(\omega_A - \omega_B)\right] r_B}{2\frac{B_1}{n-1}\omega_B n + 2\frac{B_2}{n}\omega_A} =$$

$$\frac{B_0 + \left[2\frac{B_1}{n-1}\omega_B n^2 + B_2(\omega_A - \omega_B)\right] r_B}{2\frac{B_1}{n-1}\omega_B n^2 + 2B_2\omega_A}, \qquad [13]$$

com $\omega_A = \frac{n_A}{n}$ e $\omega_B = \frac{n_B}{n}$.

Aplicando a regra de L'Hopital para determinar o limite quando *n* tende para infinito tem-se:

$$\lim_{n\to\infty} r_A = \frac{\frac{4B_1\omega_B n(n-1)r_B - 2B_1\omega_B n^2 r_B}{(n-1)^2}}{\frac{4B_1\omega_B n(n-1) - 2B_1\omega_B n^2}{(n-1)^2}} = r_B.$$

Apêndice F
Diferenciação da equação [14]

A equação [14] tem a seguinte especificação:

$$r_A - r_B = \frac{b_0 - b_2 r_B}{2b_1 n_B + 2b_2 \frac{n_A}{n}}.$$

Derivando a expressão em ordem a r_B obtém-se:

$$\frac{\partial(r_A - r_B)}{\partial r_B} = -\frac{b_2}{2b_1 n_B + 2b_2 \frac{n_A}{n}},$$

expressão que assume sempre um valor negativo.

Por outro lado, derivando em ordem a b_0 obtém-se:

$$\frac{\partial(r_A - r_B)}{\partial b_0} = \frac{1}{2b_1 n_B + 2b_2 \frac{n_A}{n}},$$

expressão que é sempre positiva.

Por sua vez, derivando em ordem a b_1 obtém-se:

$$\frac{\partial(r_A - r_B)}{\partial b_1} = \frac{-2n_B(b_0 - b_2 r_B)}{\left(2b_1 n_B + 2b_2 \frac{n_A}{n}\right)^2},$$

expressão que é sempre negativa.[86] Além disso, facilmente se constata que o limite de $r_A - r_B$ quando b_1 tende para infinito é zero.

No que respeita a $\frac{\partial(r_A - r_B)}{\partial r_D}$, note-se que após substituir pela expressão [12], pode-se escrever:

$$r_A - r_B = \frac{b_0}{2b_1 n_B + 2b_2 \frac{n_A}{n}} - \frac{b_2}{2b_1 n_B + 2b_2 \frac{n_A}{n}} \left[\frac{r_D}{(1-\mu_B)(1-\alpha_B)} + \frac{\gamma}{(1-\mu_B)} \right].$$

Donde:

$$\frac{\partial(r_A - r_B)}{\partial r_D} = -\frac{b_2}{\left(2b_1 n_B + 2b_2 \frac{n_A}{n}\right)(1-\mu_B)(1-\alpha_B)},$$

expressão que é sempre negativa.

Adicionalmente, derivando a equação [14] em ordem a b_2 obtém-se a expressão:

$$\frac{\partial(r_A - r_B)}{\partial b_2} = \frac{-\left(2b_1 n_B + 2b_2 \frac{n_A}{n}\right) r_B - 2\frac{n_A}{n}(b_0 - b_2 r_B)}{\left(2b_1 n_B + 2b_2 \frac{n_A}{n}\right)^2},$$

que é sempre negativa[87].

Por outro lado, a derivada de $r_A - r_B$ em ordem a $\frac{n_A}{n}$ é sempre positiva. Note-se, com efeito, que a equação [14] pode ser escrita como se segue:

$$r_A - r_B = \frac{b_0 - b_2 r_B}{2b_1 n\left(1 - \frac{n_A}{n}\right) + 2b_2 \frac{n_A}{n}}.$$

Donde:

$$\frac{\partial(r_A - r_B)}{\partial\left(\frac{n_A}{n}\right)} = \frac{-(b_0 - b_2 r_B)(-2nb_1 + 2b_2)}{\left[2b_1 n\left(1 - \frac{n_A}{n}\right) + 2b_2 \frac{n_A}{n}\right]^2},$$

[86] De facto, $b_0 - b_2 r_B > 0$, pois $B_0/n > B_2/n$ e $r_B < 1$.

[87] Uma vez mais fazendo uso do facto de $b_0 - b_2 r_B > 0$.

ou seja

$$\frac{\partial(r_A - r_B)}{\partial\left(\frac{n_A}{n}\right)} = \frac{2(b_0 - b_2 r_B)(b_1 n - b_2)}{\left[2b_1 n\left(1 - \frac{n_A}{n}\right) + 2b_2 \frac{n_A}{n}\right]^2}.$$

Donde, dado $b_0 - b_2 r_B > 0$ e $b_1 n > b_2$, esta derivada é sempre positiva.[88]

Todavia, a derivada de $r_A - r_B$ em ordem a $\frac{n_B}{n}$ é sempre negativa. Note-se, analogamente, que a equação [14] pode ser escrita como se segue:

$$r_A - r_B = \frac{b_0 - b_2 r_B}{2b_1 n \frac{n_B}{n} + 2b_2\left(1 - \frac{n_B}{n}\right)}.$$

Donde:

$$\frac{\partial(r_A - r_B)}{\partial\left(\frac{n_B}{n}\right)} = \frac{-2(b_0 - b_2 r_B)(b_1 n - b_2)}{\left[2b_1 n_B + 2b_2\left(1 - \frac{n_B}{n}\right)\right]^2}.$$

Assim, dado, uma vez mais, $b_0 - b_2 r_B > 0$ *e* $b_1 n > b_2$, esta derivada é sempre negativa.

Finalmente, no que respeita à derivada de $r_A - r_B$ em ordem a n, comece por notar-se que a equação [14] pode ser escrita como se segue:

$$r_A - r_B = \frac{\frac{B_0}{n} - \frac{B_2}{n} r_B}{2\frac{B_1}{n-1}\frac{n_B}{n} n + 2\frac{B_2}{n}\frac{n_A}{n}}.$$

Assim, notando por $\omega_A = \frac{n_A}{n}$ e $\omega_B = \frac{n_B}{n}$, após simplificação obtém-se:

$$r_A - r_B = \frac{B_0 - B_2 r_B}{2\frac{B_1}{n-1}\omega_B n^2 + 2B_2 \omega_A}.$$

Donde, finalmente, calculando a derivada obtém-se:

88 De facto, $b_0 - b_2 r_B > 0$ pois $B_0/n > B_2/n$ e $r_B < 1$.

$$\frac{\partial(r_A - r_B)}{\partial n} = \frac{-(B_0 - B_2 r_B)[(4B_1\omega_B n(n-1) - 2B_1\omega_B n^2)/(n-1)^2]}{\left(2\frac{B_1}{n-1}\omega_B n^2 + 2B_2\omega_A\right)^2}$$

$$= \frac{-(B_0 - B_2 r_B)2B_1\omega_B n(2n - 2 - n)/(n-1)^2}{\left(2\frac{B_1}{n-1}\omega_B n^2 + 2B_2\omega_A\right)^2}$$

$$= \frac{-(B_0 - B_2 r_B)2B_1\omega_B n(n-2)/(n-1)^2}{\left(2\frac{B_1}{n-1}\omega_B n^2 + 2B_2\omega_A\right)^2}.$$

Donde, dado $b_0 - b_2 r_B > 0$, desde que $n>2$, a derivada é sempre negativa. De igual modo, facilmente se constata que o limite de $r_A - r_B$ quando n tende para infinito é zero. Na realidade, $r_A - r_B$ pode ser escrito como segue:

$$r_A - r_B = \frac{B_0 - B_2 r_B}{2B_1\frac{n}{n-1}\omega_B n + 2B_2\omega_A}.$$

Assim, como $n/(n\text{-}1)$ tende para um à medida que n tende para infinito, facilmente se constata que o denominador tende para infinito à medida que n aumenta e, consequentemente, a expressão tende para zero.

Apêndice G
Enquadramento regulatório e risco idênticos e custos operacionais distintos para os SHB e os STB

As taxas de juro ativas dos SHB e dos STB são dadas, respetivamente, pelas equações [10] e [12]. Donde, dado $\mu_A = \mu_B = \mu$ e $\alpha_A = \alpha_B = \alpha$, assumindo custos operacionais distintos (γ_A e γ_B, respetivamente, para os SHB e para os STB), pode escrever-se:

$$r_A - r_B = \frac{b_0}{2b_1 n_B + 2b_2 \frac{n_A}{n}} + \frac{b_1 n_B - b_2 \frac{n_B}{n}}{2b_1 n_B + 2b_2 \frac{n_A}{n}} r_B + \frac{r_D}{2(1-\mu)(1-\alpha)} + \frac{\gamma_A}{2(1-\mu)} - \frac{r_D}{(1-\mu)(1-\alpha)} - \frac{\gamma_B}{(1-\mu)}.$$

Dado que, pela equação [12], $\frac{1}{2}\left(r_B - \frac{\gamma_B}{(1-\mu)}\right) = \frac{r_D}{2(1-\mu)(1-\alpha)}$, após simplificação, pode escrever-se:

$$r_A - r_B = \frac{b_0}{2b_1 n_B + 2b_2 \frac{n_A}{n}} + \frac{b_1 n_B - b_2 \frac{n_B}{n}}{2b_1 n_B + 2b_2 \frac{n_A}{n}} r_B + \frac{\gamma_A - 2\gamma_B}{2(1-\mu)} - \frac{1}{2}\left(r_B - \frac{\gamma_B}{(1-\mu)}\right).$$

Isto é,

$$r_A - r_B = \frac{b_0}{2b_1 n_B + 2b_2 \frac{n_A}{n}} + \frac{2\left(b_1 n_B - b_2 \frac{n_B}{n}\right) - 2b_1 n_B - 2b_2 \frac{n_A}{n}}{2\left(2b_1 n_B + 2b_2 \frac{n_A}{n}\right)} r_B + \frac{\gamma_A - \gamma_B}{2(1-\mu)}$$

ou

$$r_A - r_B = \frac{b_0}{2b_1 n_B + 2b_2 \frac{n_A}{n}} - \frac{b_2}{2b_1 n_B + 2b_2 \frac{n_A}{n}} r_B + \frac{\gamma_A - \gamma_B}{2(1-\mu)}.$$

O mesmo é dizer:

$$r_A - r_B = \frac{b_0}{2b_1 n_B + 2b_2 \frac{n_A}{n}} - \frac{b_2}{2b_1 n_B + 2b_2 \frac{n_A}{n}} \left(\frac{r_D}{(1-\mu)(1-\alpha)} + \frac{\gamma_B}{(1-\mu)} \right) + \frac{\gamma_A - \gamma_B}{2(1-\mu)}.$$

$$r_A - r_B = \frac{b_0}{2b_1 n_B + 2b_2 \frac{n_A}{n}} - \frac{b_2 r_D}{\left(2b_1 n_B + 2b_2 \frac{n_A}{n}\right)(1-\mu)(1-\alpha)} - \frac{b_2 \gamma_B}{(1-\mu)\left(2b_1 n_B + 2b_2 \frac{n_A}{n}\right)} + \frac{\gamma_A - \gamma_B}{2(1-\mu)}.$$

Assim, $\frac{\partial (r_A - r_B)}{\partial \gamma_B} = -\frac{b_2}{(1-\mu)\left(2b_1 n_B + 2b_2 \frac{n_A}{n}\right)} - \frac{1}{2(1-\mu)}$. Donde: $\frac{\partial (r_A - r_B)}{\partial \gamma_A} > 0$

o que significa que, *ceteris paribus*, o aumento dos custos operacionais dos STB faz aproximar as taxas ativas destes bancos das dos SHB.

Adicionalmente, $\frac{\partial (r_A - r_B)}{\partial \gamma_A} = \frac{1}{2(1-\mu)}$. Donde: $\frac{\partial (r_A - r_B)}{\partial \gamma_A} > 0$

o que significa que, *ceteris paribus*, o aumento dos custos operacionais dos SHB faz com que as taxas ativas destes bancos se afastem das dos STB.

Apêndice H
Diferença entre r_A e r_B assumindo o mesmo enquadramento regulatório, custos operacionais e risco idênticos, mas quase-rendas nos empréstimos

As taxas de juro ativas dos SHB e dos STB são dadas, respetivamente, por (equações [10] e [19]):

$$r_A = \frac{b_0}{2b_1 n_B + 2b_2 \frac{n_A}{n}} + \frac{b_1 n_B - b_2 \frac{n_B}{n}}{2b_1 n_B + 2b_2 \frac{n_A}{n}} r_B + \frac{r_D}{2(1-\mu_A)(1-\alpha_A)} + \frac{\gamma}{2(1-\mu_A)}$$

e

$$r_B = \frac{r_D + \varphi}{(1-\mu_B)(1-\alpha_B)} + \frac{\gamma}{(1-\mu_B)} = \frac{r_D}{(1-\mu_B)(1-\alpha_B)} + \frac{\gamma}{(1-\mu_B)} + \frac{\varphi}{(1-\mu_B)(1-\alpha_B)}.$$

Assim:

$$\frac{r_B}{2} - \frac{\varphi}{2(1-\mu_B)(1-\alpha_B)} = \frac{r_D}{2(1-\mu_B)(1-\alpha_B)} + \frac{\gamma}{2(1-\mu_B)}.$$

Donde, dado $\mu = \mu_A = \mu_B$ e $\alpha = \alpha_A = \alpha_B$, r_A pode ser escrito como se segue:

$$r_A = \frac{b_0}{2b_1 n_B + 2b_2 \frac{n_A}{n}} + \frac{b_1 n_B - b_2 \frac{n_B}{n}}{2b_1 n_B + 2b_2 \frac{n_A}{n}} r_B + \frac{r_B}{2} - \frac{\varphi}{2(1-\mu)(1-\alpha)}$$

ou

$$r_A = \frac{b_0}{2b_1 n_B + 2b_2 \frac{n_A}{n}} + \frac{2\left(b_1 n_B - b_2 \frac{n_B}{n}\right) + 2b_1 n_B + 2b_2 \frac{n_A}{n}}{2\left(2b_1 n_B + 2b_2 \frac{n_A}{n}\right)} r_B - \frac{\varphi}{2(1-\mu)(1-\alpha)}.$$

Finalmente, após rearranjo:

$$r_A = \frac{b_0}{2b_1 n_B + 2b_2 \frac{n_A}{n}} + \frac{2b_1 n_B + b_2\left(\frac{n_A}{n} - \frac{n_B}{n}\right)}{2b_1 n_B + 2b_2 \frac{n_A}{n}} r_B - \frac{\varphi}{2(1-\mu_B)(1-\alpha_B)}.$$

Por sua vez, a diferença entre r_A e r_B vem:

$$r_A - r_B = \frac{b_0}{2b_1 n_B + 2b_2 \frac{n_A}{n}} + \frac{2b_1 n_B + b_2\left(\frac{n_A}{n} - \frac{n_B}{n}\right)}{2b_1 n_B + 2b_2 \frac{n_A}{n}} r_B - \frac{\varphi}{2(1-\mu)(1-\alpha)} - r_B$$

ou seja,

$$r_A - r_B = \frac{b_0}{2b_1 n_B + 2b_2 \frac{n_A}{n}} + \frac{2b_1 n_B + b_2\left(\frac{n_A}{n} - \frac{n_B}{n}\right) - \left(2b_1 n_B + 2b_2 \frac{n_A}{n}\right)}{2b_1 n_B + 2b_2 \frac{n_A}{n}} r_B - \frac{\varphi}{2(1-\mu)(1-\alpha)}.$$

Após simplificação:

$$r_A - r_B = \frac{b_0}{2b_1 n_B + 2b_2 \frac{n_A}{n}} - \frac{b_2}{2b_1 n_B + 2b_2 \frac{n_A}{n}} r_B - \frac{\varphi}{2(1-\mu)(1-\alpha)}.$$

Apêndice I
Modelo com n *shareholder banks*

Considere-se que os n bancos são todos do tipo SHB (isto é, $n_A = n$ e $n_B = 0$). A procura de empréstimos de cada banco é dada pela equação [1], isto é:

$$L_k = \frac{B_0}{n} - \frac{B_1}{n-1}\sum_{j\neq k}^{n}(r_k - r_j) - \frac{rB_2}{n}.$$

Donde,

$$\frac{\partial L_k}{\partial r_k} = -B_1 - \frac{B_2}{n^2}.$$

Tal como no modelo principal (isto é, com $n_A > 0$ e $n_B > 0$), em equilíbrio, os SHB praticarão a mesma taxa ativa e concederão o mesmo montante de crédito, dado que enfrentam a mesma curva da procura e têm a mesma função lucro e o mesmo objetivo. Em equilíbrio necessariamente:

$$L = B_0 - r_k B_2, \text{ onde } L = \sum_{k=1}^{n} L_k, \text{ pelo } L_k = \frac{L}{n}.$$

A função lucro de cada SHB é, uma vez mais, a seguinte:

$$\pi_k = (1 - \mu_k) r_k L_k - r_D \frac{L_k}{(1-\alpha_k)} - \gamma L_k,$$

a qual corresponde à equação [4], e resulta da incorporação da restrição $L_k + \alpha_k D_k = D_k$ na função objetivo (Equação [2]).

Diferenciando esta função lucro em ordem a r_k obtém-se a condição de primeira ordem de maximização do lucro:

$$\frac{\partial \pi_k}{\partial r_k} = (1-\mu_k)L_k + (1-\mu_k)r_k\frac{\partial L_k}{\partial r_k} - \frac{r_D}{(1-\alpha_k)}\frac{\partial L_k}{\partial r_k} - \gamma\frac{\partial L_k}{\partial r_k} = 0.$$

Usando $\frac{\partial L_k}{\partial r_k} = -B_1 - \frac{B_2}{n^2}$ e $L_k = \frac{L}{n}$, tem-se:

$$(1-\mu_k)\left(\frac{B_0 - r_k B_2}{n}\right) + (1-\mu_k)r_k\left(-B_1 - \frac{B_2}{n^2}\right) - \frac{r_D}{(1-\alpha_k)}\left(-B_1 - \frac{B_2}{n^2}\right) - \gamma\left(-B_1 - \frac{B_2}{n^2}\right) = 0.$$

ou

$$(1-\mu_k)r_k\left(B_1 + \frac{B_2}{n} + \frac{B_2}{n^2}\right) = (1-\mu_k)\frac{B_0}{n} + \frac{r_D}{(1-\alpha_k)}\left(B_1 + \frac{B_2}{n^2}\right) + \gamma\left(B_1 + \frac{B_2}{n^2}\right).$$

Finalmente, isolando r_K e usando $b_0 = \frac{B_0}{n}$ e $b_2 = \frac{B_2}{n}$, tem-se:

$$r_k = \frac{b_0}{\left(B_1 + b_2 + \frac{b_2}{n}\right)} + \frac{r_D}{(1-\alpha_k)(1-\mu_k)}\frac{\left(B_1 + \frac{b_2}{n}\right)}{\left(B_1 + b_2 + \frac{b_2}{n}\right)} + \gamma\frac{\left(B_1 + \frac{b_2}{n}\right)}{(1-\mu_k)\left(B_1 + b_2 + \frac{b_2}{n}\right)}.$$

Este resultado corresponde ao modelo de Corvoisier & Gropp (2002), com exceção ao fator relativo aos custos operacionais, uma vez que estes autores consideram custos fixos para esta componente da função custos.

Quanto ao limite de r_K quando n tende para infinito, note-se que:

$$r_k = \frac{\frac{B_0}{n}}{\left(B_1 + \frac{B_2}{n} + \frac{B_2}{n^2}\right)} + \frac{r_D}{(1-\alpha_k)(1-\mu_k)}\frac{\left(B_1 + \frac{B_2}{n^2}\right)}{\left(B_1 + \frac{B_2}{n} + \frac{B_2}{n^2}\right)} + \gamma\frac{\left(B_1 + \frac{B_2}{n^2}\right)}{(1-\mu_k)\left(B_1 + \frac{B_2}{n} + \frac{B_2}{n^2}\right)}.$$

o mesmo é dizer:

$$r_k = \frac{B_0}{\left(B_1 n + B_2 + \frac{B_2}{n}\right)} + \frac{r_D}{(1-\alpha_k)(1-\mu_k)} \frac{\left(B_1 n + \frac{B_2}{n}\right)}{\left(B_1 n + B_2 + \frac{B_2}{n}\right)}$$

$$+ \gamma \frac{\left(B_1 n + \frac{B_2}{n}\right)}{(1-\mu_k)\left(B_1 n + B_2 + \frac{B_2}{n}\right)}.$$

Esta expressão permite ver que a primeira parcela tende para zero à medida que *n* tende para infinito.

Aplicando a regra de L'Hopital, à segunda parcela tem-se

$$\lim_{n\to\infty} \frac{r_D}{(1-\alpha_k)(1-\mu_k)} \frac{\left(B_1 n + \frac{B_2}{n}\right)}{\left(B_1 n + B_2 + \frac{B_2}{n}\right)} = \lim_{n\to\infty} \frac{r_D}{(1-\alpha_k)(1-\mu_k)} \frac{\left(B_1 - \frac{B_2}{n^2}\right)}{\left(B_1 - \frac{B_2}{n^2}\right)} = \frac{r_D}{(1-\alpha_k)(1-\mu_k)}.$$

Procedendo de igual modo com a terceira parcela tem-se:

$$\lim_{n\to\infty} \gamma \frac{\left(B_1 n + \frac{B_2}{n}\right)}{(1-\mu_k)\left(B_1 n + B_2 + \frac{B_2}{n}\right)} = \lim_{n\to\infty} \gamma \frac{B_1 - \frac{B_2}{n^2}}{(1-\mu_k)\left(B_1 - \frac{B_2}{n^2}\right)} = \frac{\gamma}{(1-\mu_k)}.$$

Donde, finalmente:

$$\lim_{n\to\infty} r_k = \frac{r_D}{(1-\alpha_k)(1-\mu_k)} + \frac{\gamma}{(1-\mu_k)}.$$

Apêndice J
Modelo com um banco monopolista

Considere-se que o banco k é monopolista ($n = 1$). A procura de empréstimos do banco é, em consonância com a equação [1], a seguinte:

$$L_k = B_0 - r_k B_2.$$

Donde,

$$\frac{\partial L_k}{\partial r_k} = -B_2.$$

A sua função lucro é a seguinte:

$$\pi_k = (1 - \mu_k) r_k L_k - r_D \frac{L_k}{(1-\alpha_k)} - \gamma L_k,$$

a qual corresponde à equação [4], e resulta da incorporação da restrição $L_K + \alpha_K D_k = D_K$ na função objetivo (Equação [2]).

Diferenciando esta função lucro em ordem a r_K obtém-se a condição de primeira ordem de maximização do lucro:

$$\frac{\partial \pi_k}{\partial r_k} = (1 - \mu_k) L_k + (1 - \mu_k) r_k \frac{\partial L_k}{\partial r_k} - \frac{r_D}{(1-\alpha_k)} \frac{\partial L_k}{\partial r_k} - \gamma \frac{\partial L_k}{\partial r_k} = 0.$$

Usando $\frac{\partial L_k}{\partial r_k} = -B_2$ e $L_k = B_0 - r_k B_2$, tem-se:

$$(1-\mu_k)(B_0 - r_k B_2) + (1-\mu_k) r_k (-B_2) - \frac{r_D}{(1-\alpha_k)}(-B_2) - \gamma(-B_2) = 0.$$

ou

$$2(1-\mu_k) r_k B_2 = (1-\mu_k) B_0 + \frac{B_2 r_D}{(1-\alpha_k)} + \gamma B_2.$$

Finalmente, isolando r_K, tem-se:

$$r_k = \frac{B_0}{2B_2} + \frac{r_D}{2(1-\alpha_k)(1-\mu_k)} + \frac{\gamma}{2(1-\mu_k)}.$$

Este resultado é o correspondente ao modelo de Monti-Klein.

REFERÊNCIAS BIBLIOGRÁFICAS

Alves, C. (2005). *Os investidores institucionais e o governo das sociedades: Disponibilidade, condicionantes e implicações*. Coimbra: Almedina.

Alves, C. (2007). Uma perspectiva económica sobre as (novas) regras de *corporate governance* do Código das Sociedades Comerciais. In A. Cordeiro & P. Câmara (Eds.), *Jornadas em homenagem ao Professor Doutor Raúl Ventura – A reforma do Código das Sociedades Comerciais* (pp. 173–195). Coimbra: Almedina.

Alves, C. & Mendes, V. (2004). Corporate governance policy and company performance: the case of Portugal. *Corporate Governance: an International Review*, *12*(3), 290-301.

Alves, C. & Mendes, V. (2009). The Portuguese corporate governance codes as a factor of changes in rules and practices. In F. Iturriaga (Ed.), *Codes of good governance around the world* (pp. 317–352). Nova Iorque: Nova Science Publishers.

Alves, C., & Vicente, E. (2013). Does the Latin model of corporate governance perform worse than other models in preventing earnings management? *Applied Financial Economics*, *23*(21), 1663–1673.

Ayadi, R., & Groen, W. (2016). Banks' business models in Europe. In T. Beck & B. Casu (Eds.), *The Palgrave handbook of European banking* (pp. 81-102). Reino Unido: Palgrave Macmillan UK.

Ayadi, R., De Groen, W., Sassi, I., Mathlouthi, W., Rey, H., & Aubry, O. (2016). *Banking business models monitor 2015 Europe*. I. H. Montréal. Acedido em: https://www.ceps.eu/system/files/Banking-Business-Models-Monitor-Europe-2015.pdf (4 de setembro de 2017).

Becht, M., Bolton, P., & Röell, A. (2003). Corporate governance and control. In G. Constantinides, M. Harris, & R. Stulz (Eds.), *Handbook of the economics of finance* (Vol. 1, pp. 1-109). Amesterdão: Elsevier.

Bénabou, R., & Tirole, J. (2010). Individual and corporate social responsibility. *Economica, 77* (january), 1–19.

Berle, A., & Means, G. (1932). *The modern corporation and private property*. Nova Iorque: MacMillan.

Besanko, D., & Braeutigam, R. (2011). *Microeconomics* (4th ed.). Nova Iorque: John Wiley & Sons, Inc.

Besanko, D., Dranove, D., & Shanley, M. (2000). *Economics of strategy*. Nova Iorque: John Wiley & Sons, Inc.

Bikker, J., & Haaf, K. (2002). Competition, concentration and their relationship: An empirical analysis of the banking industry. *Journal of Banking and Finance* 26(11), 2191–2214.

Blair, M. (2003). Post-Enron reflections of corporate governance. *Journal of Interdisciplinary Economics, 14*(3), 113–124.

Blair, M., & Stout, L. (1999). A team production theory of corporate law. *Virginia Law Review, 85*(2), 247–328.

Brandão, E. (2014). *Finanças* (8ª ed.). Porto: Edição do Autor.

Bratton, W. (2002). Enron and the dark side of shareholder value. *Tulane Law Review, 76*, 1275–1361.

Brickley, J. (1988). Managerial goals and the court system: Some economic insights. *Canada-United States Law Journal, 13*, 77–83.

Brickley, J., Smith, C., & Zimmerman, J. (1994). Ethics, incentives, and organizational design. *Journal of Applied Corporate Finance, 7*(2), 20–30.

Brickley, J., Smith, C., & Zimmerman, J. (2004). *Managerial economics and organizational architecture* (3.rd ed.). Nova Iorque: McGraw Hill Irwin.

Business-Roundtable. (2019). Statement on the purpose of a corporation. Acedido em https://opportunity.businessroundtable.org/wp-content/uploads/2019/09/BRT-Statement-on-the-purpose-of-a-corporation-with-Signatures-1.pdf (25 de novembro de 2019).

Câmara, P. (2011). Vocação e influência universal do *corporate governance*: Uma visão transversal sobre o tema. In P. Câmara. et al. (Ed.), *O governo das organizações* (pp. 13–42). Coimbra: Edições Almedina.

Canhoto, A. (2004). Portuguese banking: A structural model of competition in the deposits market. *Review of Financial Economics, 13*(1-2), 41–63.

Carrapatoso, M. (2016). Nova administração da CGD? «Parece que se perdeu a vergonha». *Observador,* 12 de agosto. Acedido em: http://observador.pt/2016/08/12/nova-administracao-da-caixa-parece-que-se-perdeu-a-vergonha/(5 de dezembro de 2017).

Charkham, J. (1995). *Keeping good company: A study of corporate governance in five countries.* Oxford & Nova Iorque: Oxford University Press.

Church, J., & Ware, R. (2000). *Industrial organization: A strategic approach.* Boston: Irwin McGraw-Hill.

Clarkson, M. (1995). A stakeholder framework for analyzing and evaluating corporate social performance. *Academy of Management Review, 20*(1), 92–117.

CMVM. (1999). *Recomendações da CMVM sobre o governo das sociedades cotadas.* Acedido em: http://www.cmvm.pt/pt/SDI/Pages/reccorpgov.aspx (8 de novembro de 2017).

Coase, R. H. (1937). The nature of the firm. *Economica, 4*(16), 386–405.

Coase, R. H. (1960). The problem of social cost. *Journal of Law & Economics, 3* (Oct), 1–44.

Comité Cadbury (1992). *Report of the committee on the financial aspects of corporate governance.* Londres: Burgess Science Press.

Corvoisier, S., & Gropp, R. (2002). Bank concentration and retail interest rates. *Journal of Banking and Finance, 26*(11), 2155–2189.

Davis, K. (2001). Credit union governance and survival of the cooperative form. *Journal of Financial Services Research, 19* (2–3), 197–210.

Dermine, J. (1984). Pricing policies of financial intermediaries. *Studies in Contemporary Economics* (vol. 5). Berlin: SpringerVerlag.

Dodd, M. (1932). For whom are corporate managers trustees? *Harvard Law Review, 45*(7), 1145–1163.

EACB. (2016). Portal do European Association of Cooperative Banks. Acedido em: http://www.eacb.coop/en/home.html (2 de janeiro de 2018).

Eells, R. (1960). *The meaning of modern business: An introduction to the philosophy of large corporate enterprise.* Nova Iorque: Columbia University Press.

Ferri, G., Kalmi, P., & Kerola, E. (2014). Does bank ownership affect lending behaviour? Evidence from the Euro area. *Journal of Banking and Finance, 48,* 194–209.

Fontes-Filho, J. & Alves, C. (2018). Control mechanisms in the corporate governance of state-owned enterprises (SOEs): a comparison between Brazil and Portugal, *Cadernos EBAPE.BR*, *6*(1), 1–13.

Fonteyne, W. (2007). Cooperative banks in Europe: Policy issues. *IMF Working Paper* (07/159).

Freeman, R. (2010). *Strategic management: A stakeholder approach*. Nova Iorque: Cambridge University Press.

Freeman, R., & McVea, J. (2001). A stakeholder approach to strategic management. In E. F. Hitt, J. Harrison (Ed.), *Handbook of strategic management* (pp. 189–207). Oxford, UK: Blackwell Publishing.

Freeman, R., Wicks, A., & Parmar, B. (2004). Stakeholder theory and «the corporate objective revisited». *Organization Science*, *15*(3), 364–369.

Freixas, X., & Rochet, J. (2008). *Microeconomics of banking*. Cambridge, Massachusetts. Londres, Inglaterra: The MIT Press.

Friedman, M. (1970). The social responsibility is to increase its profits. *The New York Times Magazine*, September, 13. Acedido em: https://www.colorado.edu/studentgroups/libertarians/issues/friedman-soc-resp-business.html (29 de junho de 2017).

Goddard, J., McKillop, D., & Wilson, J. (2016). Ownership in European banking. In T. Beck & B. Casu (Eds.), *The Palgrave handbook of European banking* (pp. 103–134). United Kingdom: Palgrave Macmillan UK.

Grossman, S. & Hart, O. (1986). The costs and benefits of ownership: A theory of vertical and lateral integration. *Journal of Political Economics*, *94*(4), 691–719.

Hannan, T. (1991). Foundations of the structure-conduct-performance paradigm in banking. *Journal of Money Credit and Banking*, *23*(1), 68–84.

Hannan, T., & Liang, J. (1993). Inferring market power from time-series data – the case of the banking firm. *International Journal of Industrial Organization*, *11*(2), 205–218.

Hillier, D., Ross, S., Westerfield, R., & Jaffe, J. (2013). *Corporate finance* (2.nd European ed.). Nova Iorque: McGraw Hill.

Hugonnier, J., & Morellec, E. (2017). Bank capital, liquid reserves, and insolvency risk. *Journal of Financial Economics*, *125*(2), 266–285.

Jensen, M. (2001). Value maximization, stakeholder theory, and corporate objective function. *European Financial Management*, *7*(3), 297–317.

Jensen, M. (2002). Value maximization, stakeholder theory, and the corporate objective function. *Business Ethics Quarterly*, *12*(2), 235–256.

Jensen, M., & Meckling, W. (1976). Theory of the firm: managerial behavior, agency costs and ownership structure. *Journal of Financial Economics*, *3*(4), 305–360.

Jones, T. (1995). Instrumental stakeholder theory – a synthesis of ethics and economics. *Academy of Management Review*, *20*(2), 404–437.

Kaplan, R., & Norton, D. (1992). The balanced scorecard – measures that drive performance. *Harvard Business Review*, (January-February), 71–79.

Kelsey, D., & Milne, F. (2006). Externalities, monopoly and the objective function of the firm. *Economic Theory*, *29*(3), 565–589.

Kelsey, D., & Milne, F. (2008). Imperfect competition and corporate governance. *Journal of Public Economic Theory*, *10*(6), 1115–1141.

Klein, M. A. (1971). A theory of the banking firm. *Journal of Money, Credit and Banking*, *3*(2), 205–218.

Liu, H., Molyneux, P., & Wilson, J. (2013). Competition in banking: Measurement and interpretation. In A. Bell, C. Brookss & M. Prokopczuk (Ed.), *Handbook of research methods and applications in empirical finance* (pp. 197–215). UK: Cheltenam.

Llewellyn, D. T. (2005). Competition and profitability in European banking: Why are British banks so profitable? *Economic Notes*, *34*(3), 279–311.

Llewellyn, D. T. (2006). Globalisation and convergence on the shareholder value model in European banking. *BIS papers* (432).

Macey, J., & O'Hara, M. (2003). The corporate governance of banks. *Economic Policy Review*, *9*(1), 91–107.

Martín, A., & Sevillano, J. (2011). Cooperative and savings banks in Europe: nature, challenges and perspectives. *Banks and Bank Systems*, *6*(3), 121–135.

Martín-Oliver, A., Ruano, S. & Salas-Fumas, V. (2017). The fall of Spanish cajas: Lessons of ownership and governance for banks. *Journal of Financial Stability*, *33*(Supplement C), 244–260.

McGaughey, E. (2016). The codetermination bargains: The history of german corporate and labour law. *Columbia Journal of European Law*, *23*(1), 135–176.

Meyers, M., & Gupta, V. (1994). The performance paradox. In B. Staw (Ed.), *Research in organization behavior* (Vol. 16, pp. 204–269). Greenwich, CT: JAIPress.

Millstein, I., & MacAvoy, P. (1998). The active board of directors and improved performance of the large publicly traded corporation. *Columbia Law Review*, 98, 1283–1345.

Monti, M. (1972). Deposit, credit and interest rate determination under alternative bank objective functions. In K. Shell, & G. Szego (Eds.), *Mathematical methods in investment and finance.* Amsterdam: North-Holland Publishing Company.

Pessoa, F., & Dias, F. (1926). A Inutilidade dos conselhos fiscais e dos comissários do governo nos bancos e nas sociedades anónimas. *Revista de Comércio e Contabilidade* 1. Republicado em F. Martins (2001), *Fernando Pessoa: Crítica, Ensaio e Entrevistas* (pp. 264–267). Lisboa: Assírio & Alvim.

Porter, M. (1992). Capital disadvantage: America's failing capital investment system. *Harvard Business Review*, *70*(5), 65–82.

Prigge, S. (1998). A survey of German corporate governance. In K. Hopt, H. Kanda, M. Roy, E. Wymeersh, & S. Prigge (Eds.), *Comparative corporate governance – The state of the art and emerging research* (pp. 1045–1199). Oxford e Nova Iorque: Oxford University Press.

Rário Renascença. (Producer). (2010). Sócrates considera imoral a antecipação de dividendos da PT. Acedido em: www.rr.sapo.pt (6 dezembro de 2010).

Rey, P., & Tirole, J. (2007). Financing and access in cooperatives. *International Journal of Industrial Organization*, 25(5), 1061–1088.

Sapage, S. (2016). «Os nomes chumbados pelo BCE». *Público*, 19 de agosto. Acedido em https://www.publico.pt/2016/08/19/politica/noticia/os-nomes--chumbados-pelo-bce-1741740 (9 fevereiro de 2018).

Shleifer, A., & Vishny, R. (1997). A Survey of corporate governance. *Journal of Finance*, 52(2), 737–783.

Silva, A., Vitorino, A., Alves, C., Cunha, J., & Monteiro, M. (2006). *Livro branco sobre corporate governance em Portugal.* Lisboa: IPCG – Instituto Português de Corporate Governance.

Smith, A. (1776). *An inquiry into the nature and causes of the wealth of nations.* Nova Iorque: Modern Library.

Sparkes, R., & Cowton, C. (2004). The maturing of socially responsible investment: A review of the developing link with corporate social responsibility. *Journal of Business Ethics*, 52(1), 45–57.

Staikouras, C. & Koutsomanoli-Fillipaki, A. (2006). Competition and concentration in the new European banking landscape. *European Financial Management, 12*(3), 443–482.

Stapledon, G. (1996) *Institutional shareholders and corporate governance*: Oxford: Cladendon Press Oxford.

Strom, S. (2002). In charity, where does a C.E.O. end and a company start? *New York Times*, September 22. Acedido em: http://www.nytimes.com/2002/09/22/business/in-charity-where-does-a-ceo-end-and-a-company-start.html (8 de fevereiro de 2018).

Sundaram, A., & Inkpen, A. (2004). The corporate objective revisited. *Organization Science, 15*(3), 350–363.

Tirole, J. (2001). Corporate governance. *Econometrica, 69*(1), 1–35.

Tirole, J. (2006). *The theory of corporate finance.* Nova Jérsia: Princeton University Press.

Tricker, B. (2012). *Corporate governance: Principles, policies and practices* (2.nd ed.). Nova Iorque: Oxford University Press.

Varian, H. (1992). *Microeconomic analysis* (3.rd ed.). Nova Iorque, Londres: Norton.

Youngman, B. (1978). The report of the committee of inquiry on industrial democracy – the Bullock Committee. *International Business Lawer, 6*(2), 155–163.